Melanie Hughes

Will ich ein Kind?

Ja
Nein
Vielleicht

INHALT

NEULICH IM RESTAURANT

Zwei Turteltäubchen im Restaurant. Der Hauptgang wird serviert und die erste Flasche Wein ist schon fast leer. Der Grund dafür ist weniger unser großer Durst als der eifrige Kellner, der alle zwei Minuten nachzuschenken scheint.

»Schatzi«, mein Lebensgefährte beugt sich vor und strahlt mich an. »Ich möchte dir etwas sagen ...«

Hört, hört! Was kommt jetzt, doch nicht etwa ein Heiratsantrag?

»... Ich mag unser Leben und bin sicher, dass es auch in zwanzig Jahren noch so schön sein wird wie jetzt.«

Merkwürdiges Kompliment, aber nett. Liegt wohl am Riesling.

Er redet weiter: »Und ich denke, dass wir auch ohne Kinder gut leben können.«

Bitte was? Ich verstehe nicht. Mir bleibt eine Rosmarinkartoffel im Hals stecken. Was hat er gerade gesagt? Er will keine Kinder?

»Was guckst du denn jetzt so?«, fragt er.

Ich antworte nicht, bleibe stumm wie ein Fisch und bekomme kein Wort heraus. Mein Freund sieht mich erstaunt an. Offenbar überrascht ihn meine Reaktion.

»Ich dachte, dass du auch nicht unbedingt Kinder haben willst!«, entfährt es ihm. »Das hast du jedenfalls vor ein paar Jahren gesagt.«

Ja, er hat recht. Doch als ich ihm sagte, dass Kinder nicht Teil meiner Lebensplanung seien, war ich Anfang dreißig, frisch geschieden (kinderlos) und hatte einen vielversprechenden neuen Job angenommen. Ich war näher an der Wiederholung meiner Pubertät als in der Stimmung, Kinder in die Welt zu setzen. Damals stemmte ich mich mit aller Kraft gegen das Eintreten eines Lebensmodells, das ich zwar in meiner Kindheit selbst genossen hatte, als Erwachsene aber nicht akzeptieren mochte: Reihenhaus im Vorort, praktischer Mittelklassekombi, Teilzeit arbeiten, Kinder erziehen und Hunde Gassi führen. Sonntagnachmittage im Kinderland statt Abendessen beim Italiener. Kinderhotels statt Wellness-Spa. Aus die Maus. Over and out. Hilfe!

Doch allmählich, mit Ende dreißig und nach ein paar Jahren fester Beziehung in einer gemeinsamen Wohnung, scheint sich mein Nestbautrieb bemerkbar zu machen. Manchmal ertappe ich mich dabei, wie ich mir unser drittes Zimmer, das wahlweise als Arbeits-, Gäste- oder Fitnesszimmer genutzt wird, mit Babybettchen, Wickeltisch und Wandtattoos vorstelle. Ich bemühe mich, Kinder, die ich bis dato für laut und nervig gehalten habe, manchmal auch süß zu finden. Und ich spüre keine übertriebene Panik mehr in mir hochsteigen, wenn meine Periode nicht zum vorhergesehenen Tag eintritt (na ja, das ist gelogen …).

Meine tief verankerte Sorge, Kinder könnten mein Sargnagel sein, wird offensichtlich weniger!

In meinen Zwanzigern hatte ich einfach nur panische Angst davor, schwanger zu werden. Obwohl ich die Pille nahm, musste mein Partner bei jeder Unregelmäßigkeit meines Körpers zur Kondompackung greifen. Doch inzwischen hat diese Angst Gesellschaft einer zweiten bekommen, die für mich um ein Vielfaches schwerer wiegt: Ich habe noch viel größere Angst davor, dass sich mein latenter Kinderwunsch nicht durchringen kann und ich mich bewusst für ein kinderloses Dasein entscheide – und das später bereue.

Wenn Kinder an mir vorbeilaufen, schaue ich deshalb nicht mehr weg, sondern bewusst hin. Ich helfe Müttern mit Kinderwagen beim Einsteigen in die S-Bahn, und ich frage mich in vielen Alltagssituationen, ob ein Kind nun störend oder passend oder gar bereichernd wäre. Ich studiere Eltern, ob sie einen glücklichen oder unglücklichen Eindruck machen, vor allem diejenigen, die sich für das Kinder-Reihenhaus-Hund-Programm entschieden haben. Die meisten Jungfamilien, die ich kenne, haben dem Leben, das sie vor der Geburt ihres Nachwuchses genossen haben, den Rücken zugekehrt. Und ich kann mir beim besten Willen nicht vorstellen, dass sie damit glücklich sind.

Also suche ich angestrengt nach Möglichkeiten, Kinder in mein Leben zu integrieren, und versuche mir auszumalen, wie es sich mit Kind verändern müsste. Wie viele Kompromisse würden nötig sein? Müsste ich mich von meinem momentanen Lebensmodell komplett verabschieden?

Umsetzbare Lösungen haben sich mir noch nicht offenbart.

Je mehr ich mich mit diesen Gedanken auseinandersetze, desto schwerer wiegt der Druck auf meinen Schultern, mich entscheiden zu müssen. Will ich Mutter werden und eine eigene Familie gründen oder will ich nicht? Kann ich mit den Konsequenzen leben, die diese Entscheidung – ob dafür oder dagegen – mit sich bringt?

»Schatzi«, mein Freund holt mich aus meinen Gedanken zurück. »Jetzt tu doch nicht so erschrocken.« Er bemüht sich um einen sanften Ton und greift nach meiner Hand. »Ich fühle mich noch nicht bereit für Kinder. Wir können über alles nachdenken und ich kann mir durchaus vorstellen, mit dir eine Familie zu gründen, aber im Moment haben wir doch ganz andere Themen und Ziele. Und ich will mein Leben mit dir genießen, bevor ich mich zwanzig Jahre lang um meine Kinder kümmern darf.«

Die Rosmarinkartoffel in meinem Hals lässt sich nur mühsam runterschlucken und ich merke, dass mir die Tränen in die Augen schießen.

Mein Freund ist Ende dreißig und gerade befördert worden. Der Abend im Restaurant war dafür gedacht, dieses freudige Ereignis zu feiern. Aber irgendwas läuft gerade schief.

Zwar bin ich selbst in Bezug auf die Kinder-Frage noch völlig unentschieden, ging bisher aber ganz selbstverständlich davon aus, seine Einstellung zu eigenen Kindern sei ein fixer Parameter in meiner Gleichung. Offenbar war ich bei all dem Hinterfragen so mit mir selbst beschäftigt, dass ich noch nicht einmal auf die Idee gekommen bin, er könnte auch Zweifel anmelden. Von ihm nun so klare Worte zu hören, verletzt und beschämt mich. Wie kann ich von ihm so einfach erwarten, dass er bei dem Thema keine Unsicherheiten hat? Und warum nehme ich mir das Recht heraus, ihm den (möglichen) Kinderwunsch nicht zu erfüllen, ohne ihm das Gleiche zuzugestehen?

Ich antworte mit zittriger Stimme: »Aber ich bin immer davon ausgegangen, dass *du* Kinder wolltest? Zwei, hast du immer gesagt.« Schluchz.

»Ja, stimmt«, sagt er. »Morgen. Oder übermorgen. Aber nicht jetzt.«

Ich weiß ja, wie er fühlt. Ich denke ähnlich: Morgen dürfen der Mann und die Kinder aus dem Bilderrahmen hüpfen, aber bitte nicht heute. Ich bin noch nicht so weit und es ist ja noch Zeit.

Aber wie viel?

Natürlich weiß ich, dass ich nicht für mich beanspruchen darf, allein zu entscheiden, ob wir Nachwuchs bekommen oder nicht. Es sollte eine gemeinsame Entscheidung sein. Und es ist ganz nebenbei auch nicht gesagt, ob wir überhaupt Kinder bekommen können. Ich kenne genügend Paare, denen dieses Glück (oder Unglück) nicht beschert wurde.

Und trotzdem kann ich nicht leugnen, dass mich die Haltung meines Freundes stört.

Wenn ich mich selbst schon nicht durchringen kann, erwarte ich von ihm, dass er das volle Familienprogramm will und mitträgt. Ich darf Zweifel äußern, er bitte nicht. Und er soll mit seiner Entscheidung nicht warten, bis ich keine Eizellen mehr produzieren kann. Er soll mich an die Hand nehmen und sagen: »Schatzi, mach dir keine Sorgen. Lass uns ein Kind machen. Wir bekommen alles hin. Versprochen.«

Sagt er aber nicht. Schatzi ist nämlich sauer und eingeschnappt wegen meiner emotionalen Reaktion.

Und ich? Kämpfe mit den Tränen. Wir schweigen uns an. Schöner Abend. Mehr Riesling, bitte!

Ich bin weiblich, Ende dreißig, lebe in einer festen Beziehung und meine Frauenärztin attestiert meinen Geschlechtsorganen zumindest mittelfristig noch Gebärfähigkeit. Ich fühle mich wohl in meiner Haut und meine Karriere läuft zufriedenstellend. Wir haben keine Kinder. Und ich bin glücklich.

Oder etwa nicht?

Weiblich. Gebärfähig. Und keine Lust auf Kinder.

Ich bin achtunddreißig Jahre alt. Statistisch gesehen habe ich den Zenit meines Lebens noch nicht erreicht, biologisch gesehen bin ich eine alte Frau. Zumindest bezogen auf eine mögliche Schwangerschaft würde man mich als Spätgebärende mit einer in meinem Alter begründeten Risikoschwangerschaft einstufen.

Diese Tatsache empfinde ich als beleidigend und unfair, denn ich fühle mich mit fortschreitendem Alter immer wohler – und jünger.

Meine Zwanziger waren anstrengend und kräftezehrend. Von außen unter Druck, von innen voller Selbstzweifel. Meine Dreißiger sind deutlich angenehmer. Ich fühle mich gelassener, selbstbewusster und fitter als jemals zuvor.

Einzig meine Gebärmutter scheint von meinem Verjüngungstrend nichts mitbekommen zu haben, denn mein Vorrat an Eizellen neigt sich langsam, aber sicher dem Ende zu, und in absehbarer Zeit werden meine Eierstöcke ihren Dienst einstellen.

Die unvermeidbaren Umstände, die das Finale meiner fruchtbaren Zeit einläuten, wären nicht bedrohlich, wäre ich bereits Mutter geworden oder hätte ich mich wenigstens darauf verständigt, dies in den kommenden Jahren nachholen zu wollen. Doch weder das eine noch das andere ist der Fall. Kurz vor dem biologischen Ende meiner Gebärfähigkeit bin ich immer noch unschlüssig, ob ich überhaupt Kinder haben möchte.

Unabhängig von meiner jeweiligen Lebenssituation und unabhängig von meinen jeweiligen Partnern der letzten fünfzehn Jahre sind die Ängste, die Fragen und der gefühlte Druck, der auf mir lastet, immer gleich.

So brüte ich und warte auf eine Antwort. Auf dass die Stimme meines Herzens zu mir spricht und mir sagt, was für mich das Richtige ist: ein Leben als Mutter oder eines als kinderlose Frau, die diese Erfahrung nie machen wird.

Doch nun läuft mir die Zeit davon. Schon jetzt sind die wenigen Eizellen, die mein Körper noch produziert, von mieser Qualität und meine Chance, schwanger zu werden, nimmt von Jahr zu Jahr rapide ab. Vielleicht noch drei, vier, fünf Jahre, dann wird der Zeitpunkt kommen, an dem meine brauchbaren Eizellen für dieses Leben endgültig verschossen sind. Wenige Jahre darauf (statistisch mit Anfang fünfzig) werden dann auch meine Eierstöcke resigniert ihre Aktivität einstellen. Dann wird mir mein alternder Körper die Entscheidung abgenommen haben, die ich in den vergangenen zwei Jahrzehnten nicht zu treffen vermochte.

Die biologische Uhr

Als weibliche Homo sapiens werden wir heutzutage durchschnittlich über achtzig Jahre alt, aber das Zeitfenster der Fruchtbarkeit ist verhältnismäßig kurz.

Zu kurz für meinen Geschmack. Besonders weil man als Frau zwischen zwanzig und vierzig ja noch ein paar andere Dinge zu erledigen hat: Ausbildung und Karriere machen, Partner finden, lernen, sich selbst zu mögen und so weiter. Ganz zu schweigen von den vielen Herausforderungen des Erwachsenwerdens und Erwachsenseins, die sich jedem mehr oder weniger bewusst stellen.

Dennoch scheint die Auseinandersetzung mit dem Thema Nachwuchs bei den meisten Frauen in meinem Umfeld ein recht natürlicher Prozess zu sein, der in dieser überschaubaren fruchtbaren Zeitspanne gemeistert wird. Irgendwann, so attestieren es die Mütter in meinem Freundeskreis, schleicht sich der Wunsch nach Reproduktion eben ein. Einfach so. Manche hören das Ticken ihrer biologischen Uhr früher, andere später. Bei manchen äußert sich der Wunsch lauter, bei anderen leiser.

Und bei mir? Tickt gar nichts.

Mit Anfang zwanzig ging ich noch vertrauensvoll davon aus, meine biologische Uhr würde sich in den folgenden Jahren irgendwann bemerkbar machen. Eines Tages, so nahm ich an, würde sich der Kinderwunsch einschleichen wie ein Herpesvirus. Einmal eingefangen, nie wieder weg.

Damals hoffte ich allerdings, der Impuls würde noch etwas auf sich warten lassen, damit die Hormone nicht meine Lebenspläne durchkreuzten. Während meines Studiums hatte ich Träume, die ich mit Stillen und Windelnwechseln für unvereinbar hielt.

Mein Wunsch wurde erhört. Mit Mitte zwanzig war ich glücklich, von der Sehnsucht nach Nachwuchs verschont geblieben zu sein.

Doch schon mit Ende zwanzig hielt ich mich für eine Spätzünderin, denn noch immer konnte ich keine Anzeichen für einen akuten Kinderwunsch an mir feststellen. Dabei hätten die Rahmenbedingungen für Nachwuchs perfekter nicht sein können. Ich war in fester Beziehung mit einem Mann, dem ich das Eheversprechen gegeben hatte. Wir waren beide berufstätig und standen mit beiden Beinen im Leben. Die Lebensumstände hätten ein Baby mit offenen Armen empfangen. Doch noch immer fühlte sich meine Einstellung gegenüber eigenen Kindern so ambivalent an wie die Jahre zuvor.

Mit Anfang dreißig bekam ich schließlich Angst, man hätte bei mir die Uhrenbatterie vergessen. Meine fruchtbare Zeit hatte ihren Zenit überschritten und ich spürte einen inneren Druck, mich der Entscheidung bewusst zu stellen. Die Frage, die ich viele Jahre hintangestellt hatte, ließ sich nicht mehr verdrängen: »Willst du nun Kinder oder willst du nicht?«

Doch mein Herz war nicht in der Lage, die Antwort klar zu formulieren. Zu viele Ängste, zu viele Sorgen, zu viel Kopf und zu wenig Bauchgefühl vernebelten den Blick auf das, was ich wollte.

Als mein Mann zu meinem Ex-Ehemann wurde, hatte ich für einen kurzen Moment den Eindruck, eine Entscheidung für mich gefällt zu haben.

Mit der Trennung und dem Abschied aus dem gesetzten Leben, das zumindest irgendwann in der gemeinsamen Zukunft Kinder vorgesehen hatte, nahm ich bewusst in Kauf, mich diesem Lebensmodell für immer zu versagen.

Doch wenige Jahre später befand ich mich wieder in fester Beziehung, die Lebensumstände hätten Nachwuchs willkommen geheißen. Und wieder kamen die Fragen, die Zweifel, die Ängste. Heute, mit achtunddreißig, bin ich mir sicher, dass mit mir etwas nicht stimmt.

Noch vor ein paar Jahren hatte ich gehofft, dass sich bei mir allmählich Verhaltensweisen zeigen würden, die auf den inneren Herzenswunsch nach eigenen Kindern schließen lassen. Symptome, die ich an anderen Frauen mit Kinderwunsch erkannte oder sie zumindest als solche deutete. Beispielsweise das Interesse an den verschiedenen Stadien einer Schwangerschaft.

Doch das Wenige, was ich über Frauen in anderen Umständen weiß, klingt für mich nach wie vor nicht besonders verlockend. Vierzig Wochen kein Sushi, nur durchgebratenes Fleisch, keinen Alkohol und nur koffeinfreien Kaffee. Es gibt schönere Vorstellungen.

Auch hat sich mein Interesse an Kindern im Allgemeinen über die Jahre nicht merklich verändert. Natürlich finde auch ich Babys süß – ich bin ja ein Mensch! –, dennoch finde ich Zeit mit Erwachsenen immer reizvoller als die Beschäftigung mit Kindern. Ich liege nicht gerne in gekrümmter Haltung auf Babydecken und baue mit Duplosteinen Murmelbahnen, deren Existenz kleine Kinder nicht zu schätzen wissen. Erfahrungsgemäß hält ihre Freude über das Bauwerk so lange an wie meine Frisur bei hoher Luftfeuchtigkeit: maximal zwei Minuten. Dann wird das mit Geduld und (gespielter) Freude geschaffene Werk von dem kleinen Monstrum zerstört. Ups! Ein verschmitztes Grinsen, weg mit den Bauklötzchen, her mit dem Miniaturauto!

Ich hätte in dem Moment eigentlich lieber mit der Mama der Kleinen in Ruhe ein paar Worte gewechselt, ohne dass ständig jemand dazwischen plärrt.

Wird mir ungefragt ein Kleinkind auf den Schoß gesetzt, bin ich nach gefühlten sieben Minuten durch mit meinem

Beschäftigungsrepertoire. Mehr als Hoppe-Hoppe-Reiter und Händeklatschen fällt mir leider nicht ein.

Ich kann mir nicht vorstellen, stundenlang ein schreiendes Kind auf dem Arm zu tragen, das sich nicht beruhigen lassen will. Meine Nachmittage möchte ich nicht auf Kinderspielplätzen oder Latte macchiato trinkend mit anderen Mamis verbringen und mich ausschließlich über Stilleinlagen, frühkindliche Förderung und Kinderkrankheiten unterhalten. Und ich habe keine Freude daran, einem Zweijährigen auf Schritt und Tritt hinterherzulaufen, weil dieser gerade die Welt entdecken möchte.

Naiv, wie ich in meinen Zwanzigern war, dachte ich allerdings, dass Geduld im Umgang mit Kindern im Leben einer Frau vorprogrammiert sei, wie das Einsetzen der Periode. Letztere bekam ich mit dreizehn, auf den Rest warte ich noch.

Der gesellschaftliche Druck

In meinem ganzen Leben habe ich mich nie ernsthaft benachteiligt gefühlt.

Zwar fand ich meine große Nase in der Pubertät nicht besonders vorteilhaft und auch meinen Körperbau hätte ich mir etwas graziler gewünscht, aber im Grunde genommen bin ich ganz zufrieden und dankbar für das, was mir gegeben wurde. Ich wurde in eine Familie hineingeboren, zu der ich ein inniges Verhältnis habe, und auf meinem Weg sind mir viele Menschen begegnet, die mich liebevoll begleiten. Mein beruflicher Werdegang läuft zufriedenstellend, ich kann mich versorgen und lebe ein weitestgehend sorgenfreies, mit Gesundheit gesegnetes Leben.

Meine Kinderlosigkeit habe ich noch nie als Nachteil empfunden.

Ganz besonders nicht im Berufsleben, aber auch nicht in meinem privaten Umfeld. Abgesehen davon, dass das Kapitel für mich nicht abgeschlossen und die Familiengründung noch nicht ad acta gelegt ist.

Ich fühle mich wohl in meinem kinderlosen Leben.

Dachte ich jedenfalls.

Bis zur letzten Geburtstagsfeier meiner Mutter. Ihr Geburtstag wird alljährlich in großer Runde zu Hause gefeiert und Freunde, Nachbarn und ehemalige Nachbarn treffen sich zum Brunch. Da ich inzwischen nicht mehr in meiner Heimatstadt lebe und im Ort als seltener Gast gelte, sehe ich die Gäste meiner Mutter nicht öfter als bei diesem wiederkehrenden Ereignis.

Es war laut. Dreißig Personen im Haus redeten kreuz und quer durcheinander und ich kam mit dem Sektnachschenken kaum hinterher.

Um mich zu akklimatisieren, trank ich gut gelaunt mein zweites Glas leer.

»Wie schön, dich mal wiederzusehen!« Gute Freunde meiner Eltern riefen mich an ihren Stehtisch. Ich schnappte mir ein drittes Glas und gestellte mich dazu.

Nach dem obligatorischen Kurzbericht über die vergangenen zwölf Monate meines Lebens, vierhundert Kilometer von der Heimatstadt entfernt, widmete sich die Runde wieder ihrer Unterhaltung. Es ging um ihre Enkel.

Mindestens einen hatte jeder von ihnen, manche sogar zwei oder drei. Eifrig wurden Geschichten erzählt und Fotos ausgetauscht. Die Eltern der fotografierten Kinder sind in meinem Alter, mit einigen habe ich die Schulbank gedrückt.

»Simone hat im Sommer ihr zweites bekommen. Christian und sie sind so glücklich! Wie süß die Kleine doch ist! Willst du mal sehen?« Die Nachbarin meiner Eltern strahlte mich voller Stolz an.

Bevor ich mich wehren konnte, bekam ich Fotos in die Hand gedrückt, und auch die restliche Truppe zückte schon ihre Smartphones und blätterte in den Fotogalerien, um mir ebenfalls ihre Nachkömmlinge zu zeigen: Babys auf Opas Arm, Nackedeis im Sandkasten, Kinder auf Bobbycars.

Ich fragte nicht nach ihren Namen. In zwölf Monaten (oder vielleicht auch schon nach dem nächsten Glas Sekt) würde ich mich ohnehin nicht mehr erinnern.

»Hat Simone eigentlich gestillt?«, fragte eine der Omas. »Unsere Martina hat solche Probleme dabei! Da der Kleine nicht von ihrer Brust trinkt, ist sie jeden Tag stundenlang mit Milchabpumpen beschäftigt. Aus der Flasche trinkt er dann. Nur, das Ganze ist so zeitaufwändig, dass sie sich kaum um den Großen kümmern kann und ich fast täglich babysitten muss.«

Der »Große« war gerade mal zwei Jahre alt. Viel Zeit hatte sich Martina beim Nachlegen nicht gerade gelassen.

Als die anschließende Diskussion, ob man heutzutage nun stillen müsse oder nicht, zu ihrem Ende kam, gingen die Blicke der Anwesenden in meine Richtung.

»Wie schade, dass du keine Kinder hast.« Eine der stolzen Omis sah mich an wie ein Dackel, der um Leckerlis bettelt.

»Wieso? Finde ich nicht«, gab ich zurück, ohne dass meine Worte irgendwie an ihr Ohr zu dringen schienen.

»Deine Eltern tun mir so leid«, schob sie schnell hinterher.

Ich war perplex. Bevor ich nachfragen konnte, lieferte sie die Begründung gleich nach: »Sie können bei unseren Gesprächen nie mitreden! Bestimmt fühlen sie sich ausgegrenzt, weil sie keine Enkel haben!«

Das saß.

Dass ich keine Kinder hatte, wusste ich selbst. Dass manch einer sich daran stören mochte, war mir bewusst. Aber jetzt sollte ich noch ein schlechtes Gewissen haben, weil meine Eltern meinetwegen soziale Ausgrenzung erfuhren?

Ich lächelte etwas gequält zurück und fragte mich, wie ernsthaft meine Eltern unter der Enkellosigkeit litten.

Konnten sie wirklich an Gesprächen ihrer Freunde nicht mehr teilhaben? Schämten sie sich für ihre kinderlose Tochter?

Immerhin gab es ja noch einen weiteren Hoffnungsträger in der Familie: Mein Bruder war mit Mitte dreißig im besten Alter und seine Frau sogar ein paar Jahre jünger. Was nicht war, konnte ja noch kommen.

Nur dass meine Eltern dann wohl trotzdem nicht an den Gesprächen ihrer Freunde würden teilhaben können. Denn die Gesprächsthemen würden sich zu diesem Zeitpunkt vermutlich nicht mehr um Geburten, Stillen und Babypflege, sondern um die schulischen Probleme ihrer zukünftigen Investmentbanker, Ingenieure und Start-up-Unternehmer drehen.

Als kinderlose Frau muss man lernen, solche diskriminierenden Situationen zu ertragen. Jede Generation hat ihre Themen. Auch meine Altersgenossen sind in ihrem Repertoire an Gesprächsinhalten ebenso beschränkt wie Hundebesitzer, die nur über ihre Vierbeiner reden.

Egal ob in Gesprächen auf Geburtstagen, Grillpartys oder im beruflichen Umfeld, in Unterhaltungen geht es ausschließlich um die Thronfolger. Da meinem Gegenüber dann meistens rasch auffällt, dass ich zu familiären Themen wenig Substanzielles beitragen kann, geht der Finger direkt in die Wunde: »Hast du auch Kinder?«

Mein »Nein« bleibt selten unkommentiert und schließt unmittelbar die Frage an, ob ich denn Kinder möchte. Verneine ich auch dies, bedeutet das meist das Ende des Gesprächs. Und nicht nur das Ende dieses spezifischen Dialogs, sondern meist das Ende jeglicher Interaktion mit mir.

Warum ich ab dem Zeitpunkt meines Coming-outs nicht mehr in die geselligen Runden einbezogen werde, kann ich nicht beantworten. Vielleicht denken meine bis dahin erzählfreudigen Gesprächspartner, ich würde mich nicht in sie hineinversetzen können, oder sie würden mich mit Erzählungen über ihre Kinder langweilen oder gar verletzen. Vielleicht denken sie aber auch, ich sei als kinderlose Frau intolerant ihrem Lebensmodell gegenüber und fühlen sich angegriffen. Ich weiß es nicht.

Vielleicht sollte ich ihnen einfach erzählen, ich sei ohne Geschlechtsorgane geboren worden. Dann hätten sie vielleicht Mitleid.

Da ich diese oder ähnliche Gesprächsverläufe aber regelmäßig erlebe (und sie nicht sonderlich ernst nehme), weiß ich damit umzugehen. Schließlich bin ich ja auch selbst für meine Ausgrenzung verantwortlich und kokettiere manches Mal sogar damit.

Dass aber meine Eltern darunter zu leiden hatten, wollte ich nicht und ich fühlte mich ihnen gegenüber schlecht. Da hatten sie selbst Jahre und Jahrzehnte in die Erziehung ihrer Kinder investiert, um irgendwann ihre Rentenzeit mit ihren Enkeln zu verbringen und Fotos mit ihren Freunden zu teilen. Und wurden nun bitterböse enttäuscht. Mein Haus, meine Kinder – keine Enkel.

Der Tag mit den Enkelfotos ging vorüber und ich nahm mir vor, den wunden Punkt zu einem späteren Zeitpunkt zu thematisieren.

Ein paar Wochen später war ich kurzfristig beruflich in der Stadt und kündigte mich für eine Nacht im Elternhaus an.

»Wie schön, Schätzchen«, flötete meine Mutter ins Telefon. »Wir freuen uns, wenn du kommst. Macht es dir etwas aus, dass wir Häuslers und Bachmaiers eingeladen haben? Es gibt ungarisches Gulasch!«

Zuckerbrot und Peitsche. Das Gulasch meines Vaters war das Beste, das man auf dem ganzen Planeten zu essen bekam. Die Aussicht auf Enkelfotos war weniger erquickend.

»Nein, nein, alles gut.« Ich versuchte meine schlechte Laune zu unterdrücken. »Ich freue mich auch.«

Der Abend verlief wie erwartet und es gab nur ein Gesprächsthema: Enkel, Enkel, noch mal Enkel. Als die Gäste sich verabschiedeten, wir mit einer halbleeren Flasche Wein zurückblieben und den Inhalt auf drei Gläser verteilten, wurde ich ernst.

»Mama, Papa, ich muss mit euch reden.«

Sie blickten mich erwartungsvoll an.

Hoffentlich denken sie nicht, ich möchte ihnen sagen, dass ich schwanger bin!

»Leidet ihr sehr darunter, dass ihr keine Enkel habt?«

Stille.

Meine Frage hatte sie offensichtlich überrascht. So sprachlos erlebte ich meine Eltern selten. Vielleicht zögerten sie, weil sie mir die Wahrheit nicht sagen und die Reaktion des jeweils anderen abwarten wollten?

Als wäre ihr Schweigen nicht schon Anlass zur Sorge genug, zückte mein Vater nun wortlos sein von mir vererbtes iPhone und strahlte mich an. »Wieso denn?«, rief er. »Wir haben doch einen Enkel!«

Wie? Hatte ich mich so lange nicht blicken lassen, dass ich eine Schwangerschaft meiner Schwägerin nicht mitbekommen hatte?

Doch meine Mutter blickte ihn ähnlich verdutzt an wie ich selbst. Die Aufklärung kam, als er mir sein Handy direkt unter die Nase hielt.

»Da!«, sagte er. »Schau her, das ist unser Enkel!«

Zu sehen bekam ich nicht etwa ein kleines Menschlein im Strampelanzug, sondern ein Video, das zeigte, wie die bengalische Katze meines Bruders sich unter dem Weihnachtsbaum versteckte.

Mein Vater lachte: »Wenn unsere Freunde ihre Fotos von ihren Enkeln hervorkramen, zeige ich Fotos von Ayla!«

Ich musste lächeln. Tatsächlich war die hübsche Katze in jeder Hinsicht bemerkenswert und zum Angeben vor Freunden durchaus geeignet. Ayla ließ sich ohne Leine im Park Gassi führen und apportierte Stöckchen wie ein Hund. Frühtierliche Förderung sage ich da nur!

Trotzdem: Der Witz über das Katzenenkelkind war zwar gut gemeint, doch nun machte ich mir Sorgen. Offenbar war die Lage ernster als gedacht.

Während mein Vater auf seinem Smartphone nach den neuesten Videos suchte, die mein Bruder inzwischen nicht mehr nur in der Familien-Whatsapp-Gruppe, sondern auch über Youtube mit der ganzen Welt teilte, wandte sich meine Mutter mir zu. Sie erzählte von dem Sommerfest ihrer ehemaligen Firma, zu dem sie als Rentnerin und langjährige »gute Seele« der Firma noch immer jedes Jahr eingeladen wird.

»Marianne und ihr Mann waren auch da und haben ihre einjährige Enkeltochter mitgebracht«, berichtete sie.

»Emilia ist sehr süß, alle wollten sie mal auf den Arm nehmen.«

Ich trank mein Glas Wein in einem Zug aus, da ich fürchtete, das Ende der Geschichte könnte unangenehm werden.

»Dann kam Marianne auf Papa und mich zu und stellte die Kleine im Maxi-Cosi neben uns ab. Sie nahm mich in den Arm und hat mich ganz fest gedrückt ...«

Ich griff zur Weinflasche. Warum verdammt war sie schon leer?

»... und sagte zu mir, dass ich bestimmt auch irgendwann ein Enkelkind haben würde und die Hoffnung nicht aufgeben dürfe. Dass es ja so viel Freude bereite, Oma zu sein. Ich gebe es ungern zu, aber mir kamen die Tränen.«

Oh je. Hätte ich bloß noch eine Flasche aus dem Kühlschrank geholt. Ohne Alkohol war diese Geschichte kaum zu ertragen. So in etwa muss man sich als Mutter fühlen, wenn sich der Sprössling einem anvertraut und gesteht, von Mitschülern gemobbt zu werden!

Meine Mutter merkte, dass mir ihr Bericht zu Herzen ging.

»Kind, ich habe dir das nicht erzählt, damit du dich sorgst! Papa und ich haben ein schönes Leben auch ohne Enkel.«

Ja, klar. Ich glaubte ihr kein Wort.

»Ich gebe zu, dass mich ihre Worte berührt haben. Trotzdem geht es doch keinen etwas an, ob unsere Tochter Kinder bekommt oder nicht. Und man weiß doch als Außenstehender auch gar nicht, warum das so ist. Vielleicht klappt es ja auch einfach nicht und dann ist es doch schmerzhaft, wenn man dauernd damit konfrontiert wird. Und das habe ich ihr dann auch gesagt.«

Na toll, jetzt denken alle, ich täusche eine gewollte Kinderlosigkeit vor, um meine Unfruchtbarkeit zu vertuschen!

Mein Vater hatte inzwischen die Videosuche aufgegeben und widmete sich unserem Gespräch.

»Mach dir keine Sorgen, Töchterlein. Deiner Mutter und mir geht es gut. Ich finde es genauso unmöglich wie du, dass unsere Freunde von uns erwarten, dass wir unbedingt Großeltern werden sollen. Wenn wir es werden, freuen wir uns. Wenn nicht, sind wir genauso glücklich.«

Meine Eltern sind süß. Ich war dankbar, dass sie zumindest versuchten, mir das schlechte Gewissen zu nehmen und mich auf jedem erdenklichen Lebensweg unterstützten. Und vor lauter Rührseligkeit war ich kurz geneigt, ernsthaft über eine Schwangerschaft nachzudenken.

Doch der Gedanke flackerte nur kurz auf, denn mein Vater stand auf, ging in die Küche und kam mit einer kühlen Flasche Weißwein in der Hand zurück.

»Wir trinken jetzt auf den schönen Abend«, sagte er. »Wir genießen es, dass unsere Kinder immer noch unsere Nähe suchen und so viel Zeit mit uns verbringen. Wir genießen jeden Moment mit euch.«

Wir stießen an, lächelten uns zu. Mir wurde warm ums Herz.

Als ich zu Bett ging, ließ ich den Abend Revue passieren, der bei mir trotz des versöhnlichen Ausgangs ein bedrückendes Gefühl hinterließ, das weniger mit meinen Eltern, als mit mir selbst zu tun hatte.

Gemeinsame Familienzeit wie an jenem Abend würde endlich sein. Bliebe ich kinderlos, würde ich nie solche Momente mit meinen eigenen Kindern genießen dürfen. Ich würde keine Familienessen ausrichten können, an denen Kinder, Schwiegerkinder und irgendwann vielleicht auch Enkel teilnähmen.

Ich fragte mich: Wenn ich mich gegen Kinder entscheide, betrüge ich mich dann vielleicht um die schönste und wertvollste Zeit meines Lebens?

Das einsame Weihnachtsfest

Warum pflanzen wir uns eigentlich fort?

Rein evolutionär betrachtet: zur Erhaltung unserer Art. Jedes Lebewesen hat einen natürlichen Instinkt, sich vermehren zu wollen. Je primitiver die Art, umso ausgeprägter scheint der Drang. Die Kaninchen auf der Wiese hinter meinem Büro zum Beispiel. Rammeln den ganzen Tag von früh bis spät zur Erhaltung der Population im Hinterhof.

Auch bei uns Menschen ist die Partnerwahl hormonell auf die Erhaltung unserer Art ausgerichtet. Die Wissenschaft geht davon aus, dass wir unsere Partner zielgerichtet mit der Motivation auswählen, unsere Fortpflanzung zu gewährleisten. Einen knackigen Männerpopo finden wir vielleicht nicht nur deswegen gut, weil er uns an Patrick Swayze in *Dirty Dancing* erinnert, sondern weil er uns suggeriert, dass Mann kräftig zustoßen und das Sperma entsprechend tief platzieren kann.

Doch auch wenn manch einer tagtäglich trainiert, ist Geschlechtsverkehr, der ja bekanntlich zu Nachwuchs führen kann, dank vielfältiger Verhütungsmethoden heutzutage nur eine Trockenübung. Fliegen im Flugsimulator quasi. Ob wir den Ernstfall je eintreten lassen, ist unsere bewusste – in meinem Fall sehr kopfgesteuerte – Entscheidung. Und wenn jede fünfte Frau in Deutschland zwischen vierzig und vierundvierzig keine Kinder hat, dann haben wir entweder ein beängstigendes Fruchtbarkeitsproblem – oder gestörte Instinkte. Irgendetwas stimmt mit uns nicht mehr.

Warum bekommen wir überhaupt Kinder? Die beste und einfallsloseste Begründung, die ich je zu der Frage gehört habe, lautet: »Kinder gehören einfach zum Leben dazu.«

Ja, bezogen auf die menschliche Population mag das stimmen. Aber gehören Kinder auch zu meinem Leben?

Brauche ich Kinder, um lebensfähig zu sein? Sicher nicht. Liefern Kinder einen nennenswerten Beitrag zu meiner Lebensführung? Eher nicht. Ohne die Verantwortung für ein kleines Menschlein zu übernehmen, bin ich freier, finanziell weniger belastet und verfüge über deutlich mehr Zeit.

Früher gab es zumindest einen triftigen Grund, seine Gene weiterzugeben: Kinder dienten der eigenen Versorgung im Alter. Mehr Kinder, mehr Chancen, dass sich später einer davon um die Erzeuger kümmern konnte.

Doch eine Gesellschaft, die dank Sozialabgaben dem Staat die Verantwortung für die Altersvorsorge anvertraut und dank zahlreicher privater Anlageoptionen vorsorgt, braucht keine Kinder mehr.

Die Verwalter der Rentenkasse mögen anderer Meinung sein, doch für das Individuum, das auch kinderlos einen Rentenanspruch erwirbt, trifft das zu.

Insbesondere für Mütter bedeuten Kinder im Alter sogar erhebliche finanzielle Nachteile. Je mehr Kinder es sind, desto unvorteilhafter wird es sogar.

Denn noch heute sind es (zumindest in Deutschland) die Mütter, die sich überwiegend um die Versorgung und Erziehung ihrer Sprösslinge kümmern. Da dies mit zeitlichem Engagement einhergeht, setzen manche ein paar Monate oder sogar Jahre beruflich aus und wechseln dann in Teilzeitmodelle.

Weniger Arbeitszeit, weniger Verantwortung, weniger Gehalt, weniger Rente im Alter.

Ganz zu schweigen von der finanziellen Belastung während der Erziehungszeit, die mit weniger Einkommen gestemmt werden muss und auch die Möglichkeiten der privaten Vorsorge einschränkt.

Zusammengefasst kann man sagen, dass es finanziell gesehen keinerlei Anreize gibt, Kinder zu zeugen. Im Gegenteil: Kinderlose haben sogar rund einhundertdreißigtausend Euro mehr auf dem Sparkonto, denn in etwa so viel investieren Eltern im Laufe der Jahre in ein Kind, bis es das achtzehnte Lebensjahr vollendet hat.

Die Gründe, warum wir uns heutzutage dennoch zur Fortpflanzung durchringen, müssen woanders liegen.

Ich kenne in meinem Umfeld viele Familien. Die meisten – und das ist sehr traurig – sind weniger Appetitmacher als abschreckendes Beispiel. Gestresst, überfordert, gefangen in ihrer Welt.

Ein Kollege, ein sehr liebenswürdiger Mann und Vater dreier Teenager-Kinder, zählt für mich zu den wenigen Leuchttürmen familiärer Lebensmodelle. Seine Familie macht auf mich einen gesunden und glücklichen Eindruck. Mit allen Momenten der Nähe und Distanz; mit Konflikten, die in Versöhnung enden, mit Energieeinsatz und Energiegewinn für alle Beteiligten. Er ist zu beneiden.

Weil Rituale gut für die Bindung sind, hat die Familie sich regelmäßig wiederholende Ereignisse in ihren Alltag integriert. Wie den jeden Freitag seit Jahren fest im Kalender eingeplanten Pizza-Tag. Nach der Arbeit holt er die bestellte Ware ab und fährt zum gemeinsamen Abendessen nach Hause. Er freut sich schon morgens auf den bevorstehenden Abend, der das Wochenende einleitet – und ich freue mich mit ihm.

Ich habe mich eine Zeitlang sogar davon inspirieren lassen: Nach ein paar Monaten mit morgendlichen »Happy-Pizza-Tag«-Begrüßungen hatte auch ich den Wunsch nach einem eigenen Ritual zum Ende der Arbeitswoche, auf das ich mich schon morgens freuen konnte.

Das war die Geburtsstunde meines »Ich-lasse-mir-Sushi-nach-Hause-liefern-und-mache-es-mir-vor-dem-Fernseher-gemütlich«-Abends. Jeden Freitag bestellte ich das Gleiche – vier Lachs-Röllchen, vier Thunfisch-Inside-Out-Röllchen mit Avocado, und noch mal vier Maki, meistens mit Lachs und Frischkäse –, und verbrachte so meinen Einstieg ins Wochenende, während mein Freund sich seinem Sport widmete. Bewaffnet mit Stäbchen, Sojasauce und Weißwein saß ich allein auf meiner Couch und zappte mehr oder weniger verzweifelt durch die TV-Kanäle, deren Programm ich wenig befriedigend fand.

Ich fragte mich dabei öfter, wie es meinem Kollegen wohl gerade ging.

Er saß bestimmt inmitten einer fröhlichen, wild schnatterten Familienschar, lachte und lauschte den Berichten seiner heranwachsenden Kinder, während ich nur mit dem netten Lieferdienst-Kurier gesprochen hatte.

Ich fühlte mich einsam, doch ich sagte mir, dass es Schlimmeres gab als Freitagabende mit Sushi und Wein allein auf dem Sofa. Immerhin hatte ich eine Verabredung mit mir selbst und auch das sollte man genießen können. Außerdem hätte ich mich ja jederzeit verabreden und etwas unternehmen können.

Trotzdem, so recht befriedigen konnte mich mein Ritual nicht und ich gab das Projekt nach ein paar Wochen wieder auf.

Es gibt allerdings Tage im Jahr, da gibt es keine Exit-Strategien aus der Einsamkeit. Weihnachten zum Beispiel. An Weihnachten hat fast jeder von uns ein festes Ritual und einen festen Platz in einer bestimmten Konstellation: als Tochter bei den Eltern, als Onkel bei den Nichten und Neffen, als Vater mit Kindern und so weiter.

Und so sind besonders die zukünftigen Weihnachtsfeste unter Paaren ohne Nachwuchs ein häufig zitierter Anlass, eine bewusst entschiedene Kinderlosigkeit anzuzweifeln. Freitagabende allein, okay. Aber Heiligabend?

Die Romantik des Fests kommt doch erst mit Opas in Schaukelstühlen, Geschenken, duftenden Lebkuchen und fröhlichem Kinderlachen. Man stelle sich Weihnachten in dreißig Jahren als kinderloses Paar vor: traurige Musik, zwei einsame Personen am Küchentisch, aufgewärmte Wiener Würstchen. Keine Kinder. Keine Enkel, logisch.

Wer weiß, ob man sich ohne Kinder und Enkelkinder überhaupt einen Weihnachtsbaum anschaffen würde. Oder Geschenke besorgt.

Weihnachten also ohne Baum. Ohne Geschenke. Eine triste Angelegenheit ...

Ich habe wunderbare und schöne Kindheitserinnerungen an Weihnachten. Schon Wochen vorher freute ich mich auf das bevorstehende Fest. Noch nicht mal so sehr wegen der Geschenke. Tatsächlich freute ich mich auf die Zeit mit meiner Familie. Weihnachten wurde bei uns immer ausgiebig gefeiert und die gemeinsame Familienzeit voller Hingabe zelebriert. Ich erlebte an Weihnachtsfeiertagen ein Haus voller fröhlicher, feiernder Menschen, genoss die Gesellschaft, den Duft nach liebevoll zubereitetem Essen, das Lachen, den Trubel.

Warum bin ausgerechnet ich, die das Zusammensein mit der Verwandtschaft so sehr genieße, selbst so zurückhaltend mit der Gründung einer eigenen Familie? Allein der Gedanke, später in trauter Stille mit meinen Wiener Würstchen (ich bin nicht sicher, ob der Sushi-Lieferdienst an Heiligabend arbeitet) auf dem Sofa *O du Fröhliche* zu summen, schnürt mir die Luft ab.

Die Weihnachtsnummer ist als Pro-Kind-Argument ein emotionaler Treffer. Nicht wegzudiskutieren. Die Angst vor dem Alleinsein an diesem Fest, das wie kein anderes als Zeit mit der Familie verstanden wird, sitzt tief. Und mit Kindern wäre man zumindest nie mehr allein!

Aber kann meine Angst vor dem Alleinsein an zukünftigen Feiertagen als Motivation ausreichen, um mich voller Hingabe zwei Jahrzehnte lang der Erziehung meiner Kinder zu widmen?

Kind schreit seit vier Stunden? – Reiß dich zusammen! Denk an Weihnachten!

Kind kotzt das Bett voll? – Macht nichts, denk an zukünftige Enkelfotos!

Nun will auch gesagt sein, dass Kinder ja kein Garant für gemeinsame Weihnachtsfeste auf Lebenszeit sind. Töchter und Söhne werden irgendwann flügge, verbringen die Feiertage lieber mit ihren Partnern oder ihren Schwiegereltern, wandern nach Australien aus oder finden Weihnachten einfach nur uncool. Mein Weihnachtsbeschäftigungsargument könnte also auch nicht aufgehen.

Vierzig Wochen ohne Sushi-Freitage in der Schwangerschaft, achtzehn Kindergeburtstage ausrichten, Kinder durch die Schule prügeln und am Ende doch wieder allein, einsam und verlassen.

Doch eines stimmt: Zumindest die ersten Lebensjahre meines Kindes wäre ich unter Garantie nie mehr allein. Immer mit Anhang, ob ich will oder nicht.

Keine Verabredungen mit mir selbst. Keine sinnlos verbummelte Zeit mehr, in der die einzige Sorge ist, ob ich den Moment mit mir genieße oder die Einsamkeit in mir ruft. Die übliche Kehrseite der Medaille.

Für meine beste Freundin, die immer sehr gerne Zeit mit sich verbrachte und diese auch zu genießen wusste, war diese Tatsache die größte Umstellung und gefühlt das größte Opfer seit der Geburt ihrer Tochter.

Der Preis für den Nachwuchs war die Aufgabe des Alleinseins. Selbst wenn sie nicht mit ihrer Tochter zusammen war, war sie nicht allein, sondern Mutter. Auch wenn die Tochter Kilometer entfernt war, fühlte sie sich nicht frei, sie konnte sich einfach nicht mehr treiben lassen.

»Mit dem Kind kamen die Sorgen. Und sie hören nie auf«, sagte sie. »Die Verletzlichkeit tritt ab der ersten Schwangerschaftswoche ein und die Verantwortung bleibt ein Leben lang«. Und wenn man dem Spruch »Kleine Kinder, kleine Sorgen – große Kinder, große Sorgen« Glauben schenken darf, nehmen sie sogar noch zu.

Da presst man also unter großen Schmerzen einen kleinen Schreihals auf die Welt, damit man später an Weihnachten und überhaupt nie mehr allein ist, und kriegt dann noch ein riesiges Paket Kummer mit dazu. Für schlappe einhundertdreißigtausend Euro. Na super.

Die Welt von morgen

Wenn die Weihnachtsthematik ein guter Grund ist, eine ge-wollte Kinderlosigkeit zumindest anzuzweifeln, ist gleicher-maßen der Gedanke erlaubt, ob Kindern das Leben auf unserem Planeten in den kommenden Jahrzehnten über-haupt noch zumutbar ist.

Früher musste ich noch lächeln, wenn mir Kinderlose erklärt haben, sie könnten es nicht verantworten, Kinder in die Welt zu setzen, da diese in der Zukunft nur Unheilvolles zu erwarten hätten. Das Argument schien mir eher eine Art Geheimcode für »Seine Spermakonzentration reicht nicht aus« oder »Ich möchte lieber Porsche fahren als Babypopos pudern«.

Damals sah für mich die Zukunft allerdings noch so aus wie in dem Film *Zurück in die Zukunft*. Der Hollywood-Dreiteiler aus den Achtzigerjahren katapultiert den Protagonisten in die Welt des Jahres 2015. Das einzig Bedrohliche an der dort ge-zeigten Zukunftsvision waren für mich die in der Luft schwe-benden Skateboards, genannt Hoverboards, und die etwas sterile und ungemütliche Umgebung. Doch ansonsten war die Zukunft, so wie man sie sich damals noch ausmalte, mit Sicher-heit keine Horrorvision, die man besser nicht erleben wollte.

Inzwischen kann einem beim Filmegucken das Lächeln jedoch vergehen, insbesondere bei den Science-Fiction-Filmen, die sich mein Freund mit Vorliebe ansieht, um sich von der Zukunft von morgen die Laune von heute ver-derben zu lassen.

Alle diese Filme und Serien haben die gleiche Kernaussage: Maschinen beherrschen die Menschheit und unsere Erde ist ökologisch im Eimer.

Vor lauter Smog sieht man keinen Himmel mehr und Müllberge decken den Großteil der Erdoberfläche ab, weswegen wir in utopische Höhen bauen müssen und uns nur noch mit Flugobjekten fortbewegen. Die Erinnerungen an die einstige Erde, die noch Insekten, Pflanzen und Wälder beherbergte, verblassen. Und so projizieren die Protagonisten in den Filmen Bilder aus dem Jahr 2000 – als es noch Strände mit Sand und türkisfarbenes Meer gab – an die Wohnzimmerwand ihres Smart Homes im Wohnturm, um sich und ihrem Mitbewohner, einem blutleeren Avatar, etwas Erholung zu gönnen. Schließlich wird es auf dem überbevölkerten Planeten auch langsam ungemütlich. Und wenn einer von ihnen krank wird, kann er nur hoffen, genug Geld zu haben, um sich auf der Privatstation eines Cyberkrankenhauses genetisch reparieren zu lassen.

Das Schöne an Filmen ist, dass man einfach den Sender wechseln kann und der Spuk ganz schnell vorbei ist. Leider kann man die Realität nicht so einfach ausknipsen. Allein die real existierenden Bedrohungen des Klimawandels weisen einen Weg in eine Zukunft, die niemand sich ernsthaft wünschen kann. Die sinnlosen Streitereien über die Ursachen, das unterlassene Handeln der Verantwortlichen in Politik und Wirtschaft sowie die Hilflosigkeit und Ignoranz der Bevölkerung geben leider auch keinen Anlass zur Hoffnung, dass sich unsere Situation kurzfristig bessert.

Das vergangene Jahrhundert hat unsere Welt in einem schwindelerregenden Tempo verändert. Seit der Erfindung des Internets und der damit eingehergehenden Digitalisierung nimmt die Geschwindigkeit der Veränderung sogar exponentiell zu.

Man sollte sich daran erinnern, dass es immerhin Jahrzehnte gedauert hat, bis alle Haushalte über ein Fernsehgerät verfügten, während das Smartphone für seine Vorherrschaft gerade mal ein paar Jahre benötigt hat. Die Zeitspanne, die Innovationen von der Entwicklung bis zur Markdurchdringung und -beherrschung benötigen, wird immer kürzer.

Nach dem Weltempfänger, dem Fernseher und dem Smartphone hält nun die künstliche Intelligenz Einzug und befällt alle Lebensbereiche.

Es gibt Armbänder, die unsere Körperfunktionen rund um die Uhr überwachen. Drohnen, die Pakete unbemannt vor die Haustür liefern. Selbstfahrende Autos, die ein Zutun des Menschen überflüssig machen. Polizeieinsätze, die anhand von Algorithmen, basierend auf Strafdaten, in einem Wohngebiet geplant werden.

Unsere Erfindungen navigieren uns dank Echtzeitdaten effizient durch die Stadt, verändern aber auch unsere Lebensrealität nachhaltig.

Und auch wenn man es gerne ausblenden möchte, wir leben heute mehr denn je in einem Überwachungsstaat. Nur dass die Machthaber nicht mehr Stasi oder Bundesnachrichtendienst heißen, sondern Google, Facebook, Amazon und Apple.

Daher scheint es mir durchaus legitim, Überlegungen anzustellen, ob man es verantworten kann, Kinder in die heutige Welt zu setzen oder zum Wohle des Kindes besser darauf verzichtet. Schließlich hat ein heute geborenes Mädchen in unseren Breitengraden eine recht gute Chance sogar hundert Jahre alt zu werden und muss sich daher noch weit länger mit den Problemen dieser Erde herumschlagen als unsereins.

Ganz nebenbei ist es fraglich, ob die Welt mein Kind überhaupt benötigt, denn die Weltbevölkerung nimmt auch ohne mein Zutun kontinuierlich zu.

Schon im Jahr 2050 – das ich bei normalem Verlauf noch erleben sollte – könnten wir fast zehn Milliarden Menschen auf diesem Planeten sein, dessen Ressourcen schon jetzt unumkehrbar erschöpft zu sein scheinen.

Wenn man also um die Prognosen der Zukunft weiß, warum setzt man dann heute noch Kinder in die Welt?

Wissenschaftler streiten schon länger darüber, ob es bei der menschlichen Evolution noch so etwas wie eine natürliche Selektion gibt, in der sich im Sinne von genetischer Optimierung der Stärkere gegenüber dem Schwächeren durchsetzt und somit nur das »gute« Erbmaterial überlebt, oder ob wir uns den Darwin'schen Evolutionsprinzipien längst entsagt haben.

Dank medizinischen Fortschritts, Geburtenkontrolle und kulturell bedingter Entscheidungen, wie zum Beispiel der zur Monogamie, ist die Frage gerechtfertigt, ob wir die natürliche Auslese ausgetrickst haben.

Die Wissenschaft ist sich darüber uneins, und so folgt jeder These, die dergleichen behauptet, ein Sturm an Gegenbeweisen, um uns trotz Wandel und Fortschritt an unsere biologischen Anlagen zu erinnern.

Doch wer pflanzt sich heutzutage mit dem Wissen um die Zukunft dieser Welt überhaupt noch fort? Wer möchte denn angesichts des Schreckensszenarios sein Erbgut überhaupt noch weitergeben an eine Generation, für die all dies keine Fiktion sein wird?

Man möchte doch meinen, dass jeder, der halbwegs intelligent ist, darauf verzichtet, Kinder in die Welt zu setzen. Nicht nur, um dem Planeten ein weiteres Lebewesen zu ersparen, sondern auch um des armen Kindes willen. Das würde wiederum bedeuten, dass nur ignorante und dumme Menschen ihre Gene weitergeben, während die Intelligenten leider aussterben.

Ach, ist Polemik nicht herrlich einfach?

Zumindest am Stammtisch könnte ich Darwins Theorie im Zusammenhang mit menschlicher Fortpflanzung ganz einfach widerlegen (chinesische Reproduktionsmedizin, die hierzulande verboten ist, mal ausgenommen) und meine ketzerische und kurz gedachte These sogar noch mit Fakten untermauern: Der Intelligenzquotient der Gesellschaft sinkt seit den Siebzigerjahren dramatisch.

Da ich ein Kind des Übergangs von den Siebzigern in die Achtzigerjahre bin, scheine ich bereits Opfer dieser Entwicklung zu sein (was man meinetwegen auch als

Entschuldigung für die ein oder andere dümmliche Aussage von mir verwenden darf).

Angesichts dieser Tatsache kann man also fast von Glück reden, dass sich diametral zu den rückschrittlichen geistigen Fähigkeiten der Menschheit nun künstliche Intelligenzen entwickeln und den Verlust zumindest in Teilbereichen kompensieren. In Science-Fiction-Romanen und -Filmen übernehmen sie jedenfalls in nicht allzu ferner Zukunft die ultimative Kontrolle über das Leben auf der Erde. Unbesiegbar werden sie über uns dominieren, immer einen Schritt voraus. Die Monster, die wir selbst erschufen!

Andererseits, der Mensch wächst mit seinen Aufgaben. In den Fünfzigerjahren hat die damalige Elterngeneration auch befürchtet, die Welt würde dank der Beatles in ein anarchistisches Chaos stürzen. In den Sechzigern war die Angst vor totaler nuklearer Vernichtung dominant und auch in den späten Siebzigern und Achtzigern dämpften zunehmende Sorgen um die Umwelt und um die Vereinbarkeit von Beruf und Familie die Lust am Kinderkriegen (der Rückgang der Geburten war nicht allein auf die Verfügbarkeit der Antibabypille zurückzuführen).

Doch wir Menschen adaptieren schnell. Und früher oder später ist jeder von uns bereit, die Fortschrittsängste zu vergessen.

Im Jahr 2000 hätte sich noch niemand vorstellen können, ein Smartphone zu haben. Heute sind wir an den Komfort und die damit einhergehenden Möglichkeiten zur Kommunikation und Informationsbeschaffung gewöhnt und geben die Fähigkeit sogar epigenetisch weiter: Babys scheinen neben dem Saugreflex auch mit einem Wischreflex geboren zu werden, um damit intuitiv ein Smartphone bedienen zu können.

Künstliche Intelligenz mag uns auf den ersten Blick Angst einjagen, sie kann aber unser Leben und unseren Alltag auch auf sehr positive Weise verändern. Warum sollte es meinem Kind schaden, wenn Algorithmen datenbasiert vorhersagen können, wann es sich einer Therapie unterziehen muss, um einer etwaigen Krebserkrankung vorzubeugen? Und ist es nicht von Vorteil, wenn Roboter in der Produktion Aufgaben übernehmen können, die für Menschen gesundheitlich gefährlich sind?

Selbst der konservativste Traditionalist kann den Verlauf der Entwicklungen nicht bremsen und wird sich früher oder später an den Vorteilen erfreuen.

Das ökologische Problem unserer Erde lässt sich indes nicht ins Positive zu verkehren. Wir stehen an einem Wendepunkt.

Und wenn die Verantwortlichen in Politik und Wirtschaft und jeder einzelne Konsument ihr Verhalten nicht einschneidend verändern, so wird die ökologische Ausbeutung unseres Planeten unumkehrbar sein und alle Science-Fiction-Autoren können zu Propheten befördert werden.

Doch summa summarum sollte man sich vielleicht auch daran erinnern, dass vermutlich jede neue Generation in nicht gerade vertrauenserweckende Zeiten hineingeboren wurde. Auch meine Eltern haben ungeschützten Geschlechtsverkehr genossen und ein Kind (und dann noch ein weiteres) gezeugt. Und das obwohl in Zeiten des Kalten Krieges jederzeit damit gerechnet werden musste, dass einem eine Atombombe aufs Dach fällt.

Die Baby-Versicherung

Vor ein paar Monaten stolperte ich im Internet auf einem Gesundheitsportal unter der Rubrik *Schwangerschaft & Familie* über einen Test, der mich durch die Beantwortung weniger Multiple-Choice-Fragen darüber aufklärte, wie es um mein biologisches Alter stand.

Der Untertitel *Tickt die Uhr?* klang verheißungsvoll und ließ mich neugierig durch die wenigen Antworten navigieren. Erst ein paar Angaben zu Alter und Größe. Dann sollte ich mein Gewicht verraten, was ich, um mich nicht selbst zu betrügen, ausnahmsweise wahrheitsgemäß beantwortete. Dann folgten ein paar Fragen, die durch jeweils drei alternative Aussagen zu beantworten waren. Ob ich oft Stress hätte und ob ich mich gesund ernährte. Ob ich rauchte und Alkohol trank, wie es um meinen Blutdruck und mein Sportverhalten stand und ob es in der Familie Fälle von Herzinfarkt oder Krebs gab.

Die Eingabemaske füllte ich nach bestem Wissen und Gewissen aus. Erledigt. Die Maschine rödelte und fertig war das Testergebnis.

Siehe da: Biologisch war ich erst zweiunddreißig Jahre alt und damit sechs Jahre jünger als mein Pass mir vorgaukelte. Ich freute mich.

Auf einmal war ich wieder weit von der Vierzig entfernt! Die Auswertung wurde mir darüber hinaus noch wohlwollend begründet. Der Autor des Tests lobte mich ausgiebig für meine gesunde Lebensweise. Sogar mein regelmäßiger, aber maßvoller Alkoholkonsum sei »gesundheitsfördernd« und mein niedriger Blutdruck, der mir noch nie besonders positiv erschienen war, senke mein Herzinfarktrisiko.

Na, dann! Wenn diese Internetplattform das sagte – und sie war bestimmt seriös! – dann hatte ich tatsächlich noch Zeit mit der Fortpflanzung. Beziehungsweise ein paar Jahre länger Zeit, mir zu überlegen, ob ich das überhaupt wollte.

Dann allerdings begann ich mich zu fragen, ob die geschenkte Zeit, ganz gleich ob real oder imaginär, überhaupt etwas an meinen Entscheidungsschwierigkeiten ändern würde.

Würden sich in Zukunft alle Sorgen und Ängste, die ich mit dem Thema verband, in Luft aufgelöst haben? Würde Diskriminierung von Müttern im Beruf im Laufe der nächsten Jahre der Vergangenheit angehören und es problemlos möglich sein, Kind und Karriere miteinander zu verbinden?

Und würde ich bis dahin die Lust an gesundheitsschädlichen Genussmitteln wie Alkohol, Nikotin und Koffein von allein verloren haben, um mühelos in der Schwangerschaft und Stillzeit darauf verzichten zu können?

Ich fragte mich, welche Rolle der Faktor Zeit in meiner Entscheidungsfindung spielte.

»Wollt ihr keine Kinder?«, fragte ich kurz darauf recht unverblümt eine Freundin, deren Karriere aktuell einen kometenhaften Aufstieg nahm.

»Jetzt jedenfalls nicht«, antwortete sie gelassen. »Vielleicht später.«

Ich rechnete nach. Sie war etwas älter als ich und müsste auf die Vierzig zugehen. Wenn ich schon das Gefühl hatte, dass mir die Zeit davonlief (biologisches Internet-Alter hin oder her), wie konnte sie so entspannt sein?

Sie antwortete, ohne dass ich meine Frage ausgesprochen hatte:

»Ich möchte meine Eizellen einfrieren lassen.«

»Du möchtest was?«

»Social Freezing. Noch nie gehört?«

»Doch, hab davon gelesen. Dachte aber, das sei eine total bekloppte Idee!« Mein ethisches Empfinden reagierte merkwürdig spießig.

»Na ja, es gibt anscheinend viele Frauen, denen es so geht wie mir«, versuchte sie mir zu erklären. »In unseren Zwanzigern und Dreißigern passen Kinder einfach nicht in den Kram. Und um uns den Druck zu nehmen, frieren wir unsere Eizellen ein und können in späteren Jahren eine künstliche Befruchtung durchführen.«

»Wie romantisch«, kommentierte ich und fragte mich, ob wirklich »wir« – also sie und ihr Mann – die Eizellen einfrieren lassen wollten oder ob nur sie die Initiatorin dieser Aktion war, weil sie sonst statt ihrer Eizellen ihre Karriere auf Eis legen müsste.

»Bist du denn sicher, *dass* du Kinder haben möchtest?«, fragte ich sie.

»Ja und nein. Irgendwie schon und irgendwie kann ich es mir auch nicht vorstellen.«

In diesem Punkt waren wir uns offenbar einig. Nur dass ich nicht wusste, was es mir bringen sollte, meine Eizellen einfrieren zu lassen. Da war er wieder, der Faktor Zeit: Seit fünfzehn Jahren war ich mir unschlüssig, was sollte sich in den nächsten Jahren daran ändern?

Social Freezing. Das vorsorgliche Einfrieren von Eizellen ohne medizinischen Grund wird gefeiert wie die Einführung der Antibabypille vor fünfzig Jahren. Dank des Wunderpräparats »Pille« konnte man in der fruchtbaren Zeit plötzlich ohne Konsequenzen vögeln. Kinder zu bekommen wurde dank der Pharmaindustrie zu einer freien Willensentscheidung. Da wir Frauen (ich nehme mich davon nicht aus) mit dieser Freiheit und der einhergehenden Verantwortung offensichtlich nicht umgehen können, schafft die medizinische Forschung nun Abhilfe.

Heute sind wir in der Lage, die Entscheidung pro Familie zeitlich über die natürliche fruchtbare Zeitspanne hinaus zu verlängern. Die Vergänglichkeit der weiblichen Fruchtbarkeit scheint besiegt, Social Freezing sei Dank!

Eigentlich für Krebspatientinnen gedacht, nutzen heute gesunde Frauen die Möglichkeit der Kryokonservierung und lassen sich unter Vollnarkose Eizellen entnehmen, um sich einen späteren Kinderwunsch erfüllen zu können.

Doch so einfach, wie es auf den ersten Blick scheint, ist es nicht. Die Fruchtbarkeit der Frau, beziehungsweise ihre Chance, bei regelmäßigem Sex schwanger zu werden, hängt nicht nur von der verfügbaren Menge Eizellen ab, die ihre Eierstöcke bereitstellt. Die Qualität der Eizellen, die ab dem dreißigsten Lebensjahr rapide abnimmt, ist der entscheidende Faktor.

Am fruchtbarsten sind junge Frauen zwischen zwanzig und fünfundzwanzig, da ihre Eizellen noch wenig Schäden genommen haben. Im Laufe der Jahre werden die Zellkörper dann systematisch und irreparabel zerstört. Genussmittel wie Nikotin und Alkohol beschleunigen den Vernichtungsprozess (habe es befürchtet).

Mit Anfang Zwanzig wäre der optimale Zeitpunkt, um dem Körper Zellmaterial zu entnehmen und bei minus hundertsechsundneunzig Grad auf Eis zu legen. Fünfzehn bis zwanzig Eizellen sollten es sein, die in flüssigem Stickstoff für die nächsten Jahrzehnte konserviert werden, um dann in einem romantischen Moment der Befruchtung im Labor mit einem Spermium des noch zu wählenden Partners verheiratet zu werden.

Bevor die hochqualitativen fünfzehn bis zwanzig Kandidaten unter Vollnarkose abgesaugt werden, muss frau eine Hormonkur über sich ergehen lassen, ähnlich der

Behandlung in Vorbereitung einer künstlichen Befruchtung. Mit Hormonen vollgepumpt produziert das zwanzigjährige Mädel nicht nur qualitativ, sondern auch quantitativ wertvolle Versicherungspolicen, die sie sich vielleicht in zwanzig Jahren auszahlen lässt.

Eine Behandlung kostet zwischen zweieinhalb und fünftausend Euro. Lagerkosten extra. (Über die Kosten der Kryokonservierung müssen sich Mitarbeiterinnen von Apple und Facebook übrigens keine Gedanken machen. Ihre Arbeitgeber übernehmen zumindest in den Vereinigten Staaten die Kosten für den eingefrorenen Kinderwunsch.)

Ein abschließendes ethisches Urteil erlaube ich mir entgegen meiner ersten Reaktion nicht. Ich kann den Fortschritt, der seit dem 21. Jahrhundert unaufhaltsam unser Leben ändert und insbesondere seit der Erfindung des Internets eine Beschleunigung erfährt, die uns schwindelig werden lässt, ohnehin nicht bremsen. Ich frage mich auf ganz persönlicher Ebene, ob Social Freezing eine Option für mich ist, meine individuellen Probleme zu lösen.

Sollte auch ich meine ohnehin schon ältlichen Eizellen schockgefrieren lassen und damit kalkulieren, dass meine Lebensumstände sich verändern? Muss ich tatsächlich nur meine fruchtbare Zeit verlängern, um einen Gesinnungswandel zu erfahren?

Vier Monate später saß ich wieder mit meiner Freundin beim Essen. Die Neugier in mir brannte.

»Wie lief das Eizellen-Einfrieren?«, wollte ich wissen und dachte mir nichts dabei, beim letzten Treffen hatte sie ja recht unverblümt darüber gesprochen.

Sie guckte auf ihren Teller, wurde ernst.

»Ich bin zu alt«, sagte sie. »Als ich meinen Frauenarzt darauf angesprochen habe, hat er nur gelacht und abgewinkt.«

»Wieso?«, fragte ich.

»Er sagte, dass es dafür zu spät sei. Dass ich spätestens mit Dreißig hätte kommen sollen, dass man das in meinem fortgeschrittenen Alter nicht mehr macht.«

Zu alt! Ich hätte der armen Frau mal den Link zu meinem Tickt-die-Uhr-Test schicken sollen. Sie trank weniger Alkohol als ich, aß gesünder und hatte nie geraucht. Vielleicht konnte sie noch ein paar Jährchen mehr einsparen als ich.

Sie erklärte mir, dass das Einfrieren von Eizellen bei Frauen über fünfunddreißig nur in begründeten Ausnahmefällen vorgenommen würde, die in ihrem Fall nicht vorlägen.

Nach der anfänglichen Enttäuschung sei sie heute aber nicht unglücklich darüber, denn sie habe sich erkundigt und gelernt, dass das vorsorgliche Aufbewahren junger Eizellen ohnehin keine Garantie für eine spätere Schwangerschaft sei.

»Heißt das, dass es trotz der eingefrorenen Eizellen gar nicht sicher ist, ob das später mit der Befruchtung auch funktioniert?«

»Genau. Es besteht ein nicht gerade geringes Risiko, dass Frauen nach dem Einpflanzen der befruchteten Eizellen nicht schwanger werden oder das Kind verlieren.«

Tolle Babyversicherung. Da gibt man ein paar tausend Euro aus, die man mit zwanzig weiß Gott in was anderes investieren möchte, pumpt sich mit Hormonen voll, lebt ein sorgenfreies kinderloses Leben, um dann mit vierzig die größte Enttäuschung seines Lebens zu erfahren: Die Versicherung weigert sich, zu zahlen.

Ich war verunsichert. Meine Laune sank auf hundertsechsundneunzig Grad minus. Ob die Kinderwunschzentren vielleicht bereit wären, mein biologisches Alter, bewiesen durch den Internet-Test, zu akzeptieren?

Mein Leben fühlte sich ohnehin schon an wie eine Autobahn mit zahllosen Ausfahrten, die ich verpasst oder bewusst nicht genommen hatte. Die Ausfahrt zu einer eigenen Familie war in wenigen Kilometern angekündigt und ich wusste noch immer nicht, ob ich meine gewohnte Fahrbahn verlassen mochte.

Den Zeitpunkt, meine Eizellen einfrieren zu lassen, hatte ich definitiv schon verpasst.

Irgendwas an diesem Social-Freezing-Angebot ärgert mich. Es stößt mir auf, dass manch ein Unternehmen das Verschieben des Kinderkriegens als Instrument einsetzt, um seine Mitarbeiterinnen in jungen Jahren an ihre Schreibtische zu binden. In der Hoffnung, sie werden auf die eingefrorenen Eier erst zurückgreifen, wenn sie das Unternehmen längst verlassen haben und ein anderer Arbeitgeber die Nachteile dadurch erfährt? Das ist unverantwortlich und frech. Und die armen Frauen denken noch, man tut ihnen etwas Gutes!

Besser wäre es, eine Lebens- und Arbeitsumgebung zu schaffen, in der Frauen sich jederzeit – ob mit Anfang zwanzig oder Mitte dreißig – dazu entscheiden können, Kinder zu bekommen. So viele sie möchten.

Entschließt sich eine Frau aus privaten Motiven dazu, ihre Eier einfrieren zu lassen, zum Beispiel weil sie den zukünftigen Vater ihrer Kinder noch nicht kennengelernt hat (und nicht, weil sie um ihre Karriere fürchtet), meinetwegen. Aber bitte nicht enttäuscht sein, wenn es nicht klappt.

Nackedei-Mamis und die Tokophobie

Schwanger zu sein ist das Natürlichste auf der Welt. Schwangere Frauen sind schön, sagt man. Und tatsächlich machen sich noch nicht mal Klatschzeitschriften lustig über Frauen in anderen Umständen (erst dann, wenn sie sechs Wochen nach der Geburt immer noch nicht in Topform sind).

Und tatsächlich gibt es Gründe, warum Schwangere Komplimente für ihr Äußeres bekommen. Der erhöhte Östrogenspiegel sorgt beispielsweise für volleres Haar. Die Wassereinlagerungen im Körper straffen die Haut und mindern Fältchen. Der Busen, der während der Schwangerschaft stark wächst, sorgt locker für ein oder zwei Körbchengrößen mehr.

Demi Moore setzte in den Neunzigerjahren ein Statement, als sie sich hochschwanger von Starfotografin Annie Leibovitz für das Cover der *Vanity Fair* ablichten ließ. Sie machte damit den Anfang für eine ganze Reihe kugelrunder Frauen, die nackt auf den Covern von Hochglanzmagazinen posierten. Britney Spears, Jessica Simpson, Mariah Carey, Christina Aguilera und Michelle Hunziker sind nur einige der Nackedei-Mamis.

Insbesondere Frauen, die bereits ein Kind zur Welt gebracht haben, betonen gerne die Vollkommenheit einer Schwangerschaft. Politisch korrekte Männer tun dies ebenso. Und ich scheine die einzige auf der Welt zu sein, die daran Zweifel hegt.

Hand aufs Herz, die wenigsten Frauen unter uns sehen mit Babybauch so attraktiv aus wie die gephotoshoppte Demi Moore. Ich sehe selbst nicht-schwanger nicht annähernd so aus wie die Schauspielerin im achten Monat.

Dank unerschrockener Selbstreflexion kann ich mir meinen Normalo-Körper in der Schwangerschaft hochrechnen: Entenarsch, Wasser in den Beinen, überdimensionaler Busen und Doppelkinn. *Vanity Fair* würde *mir* wahrscheinlich viel Geld bezahlen, um dem Fotografen das Fotoshooting mit mir zu ersparen.

Und seien wir ehrlich: Die meisten Schwangeren sehen aus wie ein Nilpferd, das bitte dauerhaft grinsen soll vor Mutterglück. Wehe, wenn nicht, dann ist die pränatale Depression schon diagnostiziert!

Doch der Wahrheit in puncto Schwangerschaft kann ich mich bei aller Liebe nicht verschließen. In anderen Umständen sind Frauen rund, unförmig, überdimensional, aufgedunsen und haben noch weniger mit Demi Moore gemeinsam als wenn sie nicht schwanger und zehn Jahre jünger sind.

Allein die Vorstellung, meinen Körper vierzig Wochen reglementieren zu müssen, bereitet mir Unbehagen.

Wenn ich es noch nicht einmal schaffe, eine Woche konsequent Diät zu halten, um ein Kilogramm Fett loszuwerden, wie halte ich eine Schwangerschaft über neun Monate plus mindestens sechs Monate Stillzeit durch? Fenchel-Anis-Kümmel-Tee statt Weinschorle, die Party kann kommen!

Schwangerschaft ist wohl der einzige Fall in der Biologie, in dem ein Parasit im Körper seines Wirts nicht von diesem abgestoßen wird. Abgesehen davon, dass ein Lebewesen, das in meinem Körper wächst, mich eher an Sigourney Weaver als an Demi Moore denken lässt.

Der Vergleich eines Fötus mit einem Alien ist noch nicht einmal weit hergeholt. Betrachtet man Ultraschall-Bilder, die in der Frühschwangerschaft aufgenommen wurden, weiß man, welches Ereignis den Erfinder der Alien-Figur aus der Filmreihe inspiriert haben muss. Vielleicht war seine Frau währenddessen in freudiger Erwartung?

Mich beschleicht das Gefühl, ich könnte die einzige werdende Mutter sein, die bei der Ultraschallaufnahme den Blick abwendet wie bei der Blutabnahme am Arm.

Vor einiger Zeit teilte ich meine Gedanken einer guten Freundin mit, die wie immer eine kluge Antwort parat hatte.

Man habe ja Gott sei Dank nicht von einem Tag auf den anderen ein dreißig Zentimeter großes Baby im Bauch. Man wüchse in die Schwangerschaft hinein. Und es habe einen Grund, warum diese Phase ein Dreivierteljahr dauere.

Ganz schön lange für meinen Geschmack. Und in meiner Rechnung ein ganzes Jahr ohne Zigaretten und Weinschorle (ein paar Monate Stillzeit zugerechnet). Vierzig Wochen dauert der Umstand an sich, der sich in drei Phasen, genannt Trimester, einteilt.

Die ersten Wochen und Monate bemerkt die Umwelt kaum etwas von der Schwangerschaft. Nur die werdenden Mütter dürfen sich auf einen hormonellen Wirbelsturm einstellen und die meisten lernen auch den letzten Winkel ihrer Toilettenschüssel gut kennen. Übelkeit ist eine sehr häufige Begleiterscheinung, die die Mehrheit der werdenden Mütter erwischt, wenn auch in sehr unterschiedlicher Ausprägung.

Währenddessen soll man sich aber bitte auf das Kind freuen und das Leid des eigenen Körpers als Kollateralschaden verbuchen – ohne zu jammern versteht sich. Millionen andere Frauen haben das auch erleiden müssen, gehört nun mal dazu. Also stell dich nicht so an!

Besonders unglückliche Schwangere gehören zu den 0,5 bis ein Prozent, die es richtig lebensbedrohlich erwischt. »Hyperemesis gravidarum« nennt man die besonders starke Form der Schwangerschaftsübelkeit mit einhergehendem Erbrechen, die zu starkem Gewichtsverlust und Flüssigkeitsmangel führen kann und nicht selten im Krankhaus mit Infusionen behandelt werden muss.

Herzogin Catherine, frühere Kate Middleton und heutige Frau des britischen Thronfolgers William, ist eine berühmte Hyperemesis-gravidarum-Patientin. Die Arme hat bei jeder ihrer Schwangerschaften darunter leiden müssen und man fragt sich, wie sie sich überhaupt überwinden konnte, das Ganze dreimal durchzustehen.

Man möge sich nur vorstellen, der Kater der Vorabend-Party würde über Wochen und Monate anhalten – ohne Aussicht auf Besserung und garantiertes Ende. (Der Vollständigkeit halber sei erwähnt, dass es Frauen gibt, die während der gesamten Schwangerschaft, also vierzig Wochen lang, immer wieder mit Übelkeit und Erbrechen zu kämpfen haben.)

Die Hormonumstellung in der Frühschwangerschaft kann freilich auch noch ganz andere Probleme zutage fördern. Physische Grausamkeiten der Natur, um genau zu sein: Zu Vorfreude und Glücksempfinden über eine erfolgreiche Befruchtung mischen sich gerne auch bleierne Müdigkeit, Angstzustände, Launenhaftigkeit und Traurigkeit.

Im zweiten Trimester nehmen die anfänglichen Beschwerden in den meisten Fällen ab und man kann ungestört der unkontrollierten Verfettung und Verwässerung des Körpers zusehen.

Selbst wenn man nicht zu den Schwangeren zählt, die jeden Abend Eiscreme aus dem Eimer schaufeln, kann man sich nicht darauf verlassen, so auszusehen wie Victoria Beckham in ihren Schwangerschaften, die außer einem kleinen Bäuchlein kein erkennbares Zeichen ihres Umstands zeigte.

Jede Frau ist anders, jede Schwangerschaft ist anders.

Und letztlich scheint es die Kombination aus Kind, Hormonen und Veranlagung zu sein, die darüber entscheidet, ob man sich für die *Vanity Fair* ausziehen darf oder besser in Sackkleider hüllt und der Öffentlichkeit fernbleibt.

Da ich meinen Körper und die schlummernden Fettzellen gut kenne und mir bewusst bin, dass diese nur auf eine Chance warten, zum ungenierten Angriff überzugehen, ahne ich, dass eine Schwangerschaft für mich in Einsamkeit ohne Kontakt zur Außenwelt enden könnte.

Angeblich ist man im zweiten Trimester der Schwangerschaft aber recht fit und mit vormütterlichen Superkräften ausgestattet, die mit Eintritt in den achten Schwangerschaftsmonat und den zunehmenden körperlichen Belastungen durch den Bauchumfang auch schon wieder verschwinden.

Rückenschmerzen, Wassereinlagerungen und Kurzatmigkeit sind nur ein paar der wenigen Begleiterscheinungen, auf die man sich dann freuen darf.

Ganz lustig wird es auch, wenn das Kleine dann ab Mitte der Schwangerschaft anfängt zu treten, in den Magen zum Beispiel. Dann gleicht die Attacke einem trojanischen Pferd, das mit einer extra Ladung Streubomben ausgestattet ist. Von wegen Schmetterlinge im Bauch und so.

Und da ist es wieder, das kleine Alien-Baby, das meinen Körper annektiert und mich von Minute eins an zwingt, mich dem Umstand anzupassen. Ich komme nicht umhin, mich für diesen Gedanken zu schämen und muss mir doch eingestehen, wie viel Angst mir allein der körperliche Zustand einer Schwangerschaft einjagt.

Das Ganze hat sogar einen Namen: Tokophobie, die Angst vor Schwangerschaft und Geburt.

Obwohl der Begriff den meisten wohl unbekannt sein dürfte, ist Schwangerschaftsphobie eine nicht seltene Angststörung, die wohl mehr Frauen betrifft als angenommen. Manche Frauen haben so panische Angst vor einer Schwangerschaft, dass sie alles tun, um der Gefahr aus dem Weg zu gehen – bis hin zur vollkommenen Abstinenz oder gar zur Sterilisation. Auch der weltweite Anstieg der Kaiserschnittrate könnte tokophobische Ursachen haben.

Die Geburt ist das ersehnte Ende der langen Zeit der Entbehrung. Doch die körperlichen Schmerzen dieses Erlebnisses erscheinen mir nicht wie die verheißungsvolle Erlösung des Parasitenbefalls.

Erzählungen über Geburten sind um ein Vielfaches schlimmer als der gruseligste Horrorfilm dreimal hintereinander im Kino. Ich bitte jede Jungmutter, mir den ausführlichen Bericht ihres Geburtserlebnisses zu ersparen, da ich fürchte, meine Gebärmutter würde sich schon beim Zuhören selbst zerstören.

Wehenstürme! Spritzen ins Rückenmark! Dammrisse!

Das Schlimmste mögen noch nicht mal die Schmerzen sein, die im Verhältnis zur vierzigwöchigen Brutphase kurzzeitig ertragen werden müssen. Bedrohlicher empfinde ich das Risiko, das Ereignis nicht unversehrt – ohne Blessuren und schmerzende oder einschränkende Verletzungen – zu überstehen, die man als Erinnerung mit nach Hause nehmen darf. Und so kann ich jede Frau verstehen, die sich für einen Kaiserschnitt entscheidet.

Zumindest bei im Vorfeld terminierten Kaiserschnitten können nicht nur die Eltern zeitlich planen, sondern auch der Arzt. Und alle tragen vermutlich weniger Risiko als bei einer natürlichen Geburt, bei der alles Mögliche schief gehen kann.

Abgesehen davon, die mit dem Terminkalender abgestimmte Geburt entspricht schließlich unserem Zeitgeist. Keine Frau will an der Supermarktkasse von einem Blasensprung überrascht werden, nachts um vier mit dem Taxi ins Krankenhaus eilen oder tagelang mit gepackter Tasche in der Wohnung verharren, um auf die Niederkunft zu warten.

Bestellte Ware im Internet soll mit hohen Erwartungen an die Logistik in einem möglichst engen und vorher vereinbarten Zeitfenster geliefert werden, warum soll das Baby dann bitte eine Extrawurst bekommen?

Der Versandhandel setzt heutzutage die Maßstäbe, eine Babylieferung muss sich wohl oder übel daran messen lassen.

Einschlafen, aufwachen, Baby da. Blöd nur, dass die wenigsten Kaiserschnitte unter Vollnarkose durchgeführt werden, sondern man bei vollem Bewusstsein körperabwärts gelähmt aufgeschnitten wird. Angeblich um Kaiserschnitt-Müttern ein ähnlich intensives Geburtserlebnis zu ermöglichen.

Für mich hört sich das eher an wie bei meiner letzten Zahn-OP, in der ein Zahn gezogen werden musste: Ich sah nichts und spürte auch keine Schmerzen. Und doch merkte ich, wie der Zahnarzt an meinem Zahn zog und es fürchterlich ruckelte. Ganz zu schweigen von der Geräusch-kulisse und dem Kopfkino, das trotz Kopfhörer-Musik-beschallung nicht wegzudenken war. Und hinterher tat es noch tagelang tierisch weh.

Ich warf mir damals vor, dass ich mich vor lauter Angst so sehr auf den Tag des Zahnziehens konzentriert hatte, dass ich auf die anschließenden Wundschmerzen und Ein-schränkungen überhaupt nicht vorbereitet war.

So in etwa dürfte es mit einer Kaiserschnittgeburt ablaufen.

Aus den wenigen Erzählungen, denen ich mich nicht entziehen konnte, weiß ich, dass Kaiserschnitte nicht schmerzärmer sind als vaginale Geburten. Die Schmerzen der Operation können sich über Wochen ziehen, und man-che Mütter sind in den ersten Tagen gar nicht in der Lage, ihr Neugeborenes ohne Hilfe zu versorgen.

Mütter, die sich mutig in vergleichbar wenigen Stun-den dem Schmerz einer natürlichen Geburt hingegeben haben, sind indes nach ein paar Tagen auf den Beinen und spüren außer dem wabbeligen Inneren ihres Unter-leibs keine Schmerzen mehr. (Wir ignorieren Berichte über Inkontinenz, Dammrisse oder ähnliche recht häufig auf-tretende Komplikationen.)

Auch seien die Hormonausstöße, die Mütter allesamt als das größte High ihres Lebens beschreiben, bei einer natür-lichen Geburt viel intensiver. Andere behaupten zudem, dass der Schmerz, unter dem man ein Kind durch den Ge-burtskanal gepresst hat, die Voraussetzung für eine intensi-ve Bindung zwischen Mutter und Kind sei.

Doch selbst wenn es heutzutage in modernen Kranken-häusern Lachgas gibt, um die Wehenschmerzen zu mil-dern – ich kann auf den Kick gerne verzichten.

Und ich bin nicht allein mit meiner Phobie. Schätzungs-weise haben sogar bis zu zwanzig Prozent aller europäi-schen Frauen Angst vor Aliens im Bauch, aber nicht alle lassen sich von ihrer Angst aufhalten.

Verzichte ich also deswegen auf ein Baby, nur weil ich ein Hasenfuß bin? Ein kopfgesteuerter, ängstlicher Kon-trollfreak, der sich davor scheut, sich dem Rhythmus eines anderen Lebewesens zu unterwerfen? Ich machte einen Selbsttest.

Drei Tage lang wollte ich versuchen, mich wie eine Schwangere zu verhalten (den Bauchansatz dazu hatte ich nach der Weihnachtszeit schon). Mäßiger Sport mit einem moderaten Puls bis hundertdreißig Schläge pro Minute. Keinen Alkohol, kein Koffein und ja, auch keine Zigaretten. Gesunde Ernährung unter Vermeidung jeg-licher Nahrungsmittel mit Toxoplasmose- und Listeriose-Gefahr.

Ich wollte mir beweisen, dass ich sehr wohl in der Lage war, mich anständig zu benehmen und den Schweinehund in mir, der mir meine Diäten und sonstige Vorsätze sabo-tiert, kontrollieren konnte.

Toxoplasmose und Listeriose sind übrigens die natür-lichen Feinde einer jeden Schwangeren. Ersteres ist eine Infektionskrankheit, an der fast jeder Mensch irgend-wann im Laufe seines Lebens erkrankt und ab dann mit

Antikörpern ausgestattet ist. Sie wird durch Parasiten ausgelöst, die zum Beispiel durch das Essen von rohem oder ungenügend erhitztem Fleisch aufgenommen werden. Die Infektion selbst geschieht für die meisten unbemerkt und verläuft ähnlich einer Erkältung. Für gesunde Erwachsene ungefährlich.

Ganz im Gegensatz zu dem ungeborenen Kind. Für das ist Toxoplasmose in etwa wie ein Tsunami auf einem Südsee-Atoll und führt zu Missbildungen und Fehlgeburten. Toxoplasmose lauert blöderweise unsichtbar an jeder Ecke des Buffets: auf Salatblättern, ungenügend gewaschenem oder ungeschälten Obst und Gemüse, dem medium-gebratenen Steak, der Salami und dem Parmaschinken.

Hat eine Schwangere das Glück, bereits vor ihrer Schwangerschaft an Toxoplasmose erkrankt und mit Antikörpern gesegnet zu sein, hat sie den Vorteil, ihren Salat nicht so lange waschen zu müssen, bis kein Chlorophyll mehr in den Blättern ist, und ihr Steak nicht bis zur Unkenntlichkeit in der Pfanne brutzeln zu müssen.

Listeriose hingegen ist eine durch Bakterien verursachte Infektion. Ab und an liest man in den Zeitungen, dass Eier, Käse oder andere tierische Produkte mit Listerien verseucht seien und eine Rückrufaktion die Produkte aus dem Verkehr ziehen muss. Schwangere sind besonders anfällig für Listeriose und sollten, um eine Früh- oder Totgeburt zu vermeiden, alles, was potenziell gefährlich sein könnte, vom Speiseplan streichen. Rohmilchkäse zum

Beispiel. Rohe Eier. Nicht zu vergessen roher Fisch. Toxoplasmose-Antikörper hin oder her – Sushi gehört nie auf den Teller einer Schwangeren.

Hier nun das Protokoll meines mutigen Selbstversuchs.

Tag eins.

11:00 Uhr und ich bin trotz fehlenden Morgenkaffees erstaunlich fit. Vielleicht hätte ich auch den Schwarztee nicht trinken dürfen?

14:00 Uhr. Normalerweise hätte ich nun schon mindestens vier Zigaretten geraucht. Mein Mittagessen fällt klein aus. Ich weiß nicht, was ich essen darf. Ist Mozzarella nun Rohmilch oder nicht? Der Verzicht auf Nikotin nach der Mahlzeit fällt mir überraschenderweise nicht schwer. Bin stolz.

19:00 Uhr. Anruf einer Freundin, ob ich mit ausgehen möchte an diesem Abend. Bin dabei.

21:00 Uhr. Ich will auch Wein trinken. Und Zigaretten rauchen. Muss feststellen, dass ich noch nicht mal Tonic ohne Gin trinken darf, da das darin enthaltene Chinin Wehen auslösen kann.

23:00 Uhr. Früher nach Hause wegen Frust. War unlustig als Schwangere.

Tag zwei.

7:00 Uhr. Getreide-Kaffee schmeckt nicht wie Kaffee.

12:00 Uhr. Die Kollegen bestellen Sushi. (Oh Gott, heute ist Freitag! Ohne Sushi!)

15:00 Uhr. Furchtbarer Tag im Büro. Ich will essen. Oder rauchen. Ich hole mir Schokoladenriegel aus der Snack-Bar. (Die hohe Kunst der künstlichen Nahrungsmittelindustrie sollte außer einem Zuckerschock keine Gefahren für mein nicht vorhandenes Kind im Bauch darstellen.)

19:30 Uhr. Im Fitness-Studio auf dem Laufband. Raucherlunge treibt Puls in die Höhe. Nur wenn ich spaziere, halte ich einen Puls von hundertdreißig und selbst auf dem dummen Fahrrad schlägt mein Herz hundertzweiundvierzig Mal pro Minute. Gebe entnervt auf.

22:30 Uhr. Eingebildete Schwangerschaft macht müde. Gehe schlafen.

Tag drei.

10:00 Uhr. Ich sitze am Frühstückstisch. Mit einem koffeinhaltigen Heißgetränk. Mit einer Zigarette in der Hand. Und weine.

Ende des Selbstversuchs.

Als ich an jenem dritten Tag weinend am Frühstückstisch saß, kam mein Freund in die Küche und schaute ganz erschrocken.

»Was ist los, Schatzi?«, fragte er besorgt.

»Ich bin eine furchtbare Schwangere!«, prustete es aus mir heraus.

»Du bist schwanger!?!?«

»Nein ...!«

»Was erzählst du denn dann bitte?«

Unter Tränen berichtete ich ihm von meinem Selbstversuch. Meiner Zügellosigkeit, meiner Maßlosigkeit, meinem Frust.

»Ich habe einen kleinen Teufel in mir«, schluchzte ich und konnte mich kaum beruhigen. »Ich bin eine riesige Enttäuschung!«

Ich erzählte ihm von meiner Alien-Angst, von meinem Schokoladenexzess im Büro und von meinem Bedürfnis nach Weinschorle zum Frühstück.

»Ein Alien im Bauch eines Teufelchens!« Mein Freund machte sich lustig. »Was wäre das für eine Kombination!«

Ich musste lächeln.

»Schatz, mach dich doch nicht verrückt. Du bist nicht schwanger und weißt doch auch gar nicht, wie man sich schwanger fühlt. Du vergisst, dass die Natur und die Hormone dich verändern. Und ich kenne jede Menge Mütter in unserem Freundeskreis, die es weiß Gott haben krachen lassen vor ihren Schwangerschaften. Aber während dieser paar Monate haben es alle geschafft, sich ihren anderen Umständen zu unterwerfen. Und ich weiß, da bin ich mir hundertprozentig sicher, dass du das auch schaffst. Aber nicht jetzt. Nicht so. Nicht ohne Grund, ohne Belohnung, ohne Hormon-High. Ist doch klar, dass sich für dich alles nur anfühlt wie Verzicht!«

Er stand auf, schenkte mir Kaffee nach, schmierte Brot mit Butter, belegte es mit Rohmilchkäse und lächelte mich an. Er war wirklich süß.

Wahrscheinlich sollte ich lernen, auf die Biologie zu vertrauen. Darauf, dass mich Schwangerschaftshormone zu einer bedingungslos liebenden und kümmernden Mutterkuh verwandeln, die, ohne über die eigenen Konsequenzen nachzudenken, ihr Verhalten intuitiv dem Wohlbefinden des Fötus anpasst. Immerhin habe ich tatsächlich noch keine Frau getroffen, die diese Phase nicht überstanden hätte oder neben dem Frauenarzt einen Psychotherapeuten aufsuchen musste.

Und was sind schon vierzig Wochen? Einmal Ostern bis Weihnachten (kommt eh immer überraschend und zu früh). Zweihundertachtzig Tage ohne Diätsorgen, ohne Menstruationsschmerzen, weniger Kopfschmerzen durch bessere Durchblutung, mit Sitzplätzen in der S-Bahn und dem erhabenen Gefühl, Leben zu schenken.

Klingt ja irgendwie mehr nach Mutter Theresa als Sigourney oder Demi!

Doch so ganz wollte ich meinem Freund nicht glauben, als er behauptete, dass ich meinen Appetit auf Zigaretten und Alkohol von heute auf morgen einfach so verlieren würde, nur weil ein paar Hormone durch meinen Körper strömten.

Verbindlichkeit ist eine Tugend

Eine meiner besten Freundinnen ist eine fröhliche, hübsche und umtriebige Blondine mit vielen Bekanntschaften. Sie würde alles für mich tun und wir gehen zusammen durch dick und dünn (im wahrsten Sinne des Wortes). Nur eines kann man mit ihr nicht: planen.

Jede zweite Verabredung lässt sie platzen. Die Termine, die nicht abgesagt werden, werden zeitlich verschoben. Aussagen wie »Ah, ja, sorry, mir ist was dazwischengekommen. Sehen wir uns morgen?« oder »Samstag, sagst du? Ja, können wir mal grob festhalten. Aber wir sprechen dann noch mal Freitag, okay? Wer weiß, was bis Samstag noch alles passiert« sind Standard.

Nun kenne ich sie schon ein Weilchen und liebe sie sehr. Meine Freundin ist immer willkommen. Nur meine Pläne passe ich an Madame »Ich schaffe es nicht« nicht mehr an. Will sie spontan vorbeikommen und es passt, gut. Passt es nicht, Pech gehabt.

Nun ist meine Freundin natürlich sehr extrem in ihrer Unverbindlichkeit und nicht alle meine Freunde versetzen mich spontan an einem Samstagabend, weil Samstagvormittag ein interessanteres Angebot reinflattert, aber: Irgendwie sind wir heutzutage doch alle ein bisschen wie sie.

Wenn ich zurückdenke an meine Kindheit und Jugend, an eine Welt mit drei Fernsehsendern und ohne Mobiltelefone, klappte das mit den Verabredungen eigentlich immer ganz gut. Und wohlgemerkt, die Absprache zum Zeit- und Treffpunkt erfolgte zeitlich weit vor der Zusammenkunft. Ein »Wir rufen uns dann zusammen« gab es damals nicht. »Übermorgen, Sportplatz, fünfzehn Uhr« war eine feste Zusage, an die man sich hielt. Zuspätkommen war auch nicht nett, denn man konnte seine Verzögerung ja nicht kurzfristig ankündigen. Und der Wartende hatte kein Smartphone, um sich die Zeit zu vertreiben.

Die Unverbindlichkeit, die wir heute leben, ist wohl auch den vielen Optionen geschuldet, die wir heute haben und damals nicht hatten.

Wir erinnern uns: ARD, ZDF, das dritte Programm. Nachts: Testbild.

In einer Welt, in der wir Parshippen und Tindern, in der wir – wenn wir wollen – drei Dates an einem Abend unterbringen können, wie sollen wir da verbindlich zusagen, ob wir bei einem Partner morgen noch bleiben wollen?

Mehr als jedes dritte Ehepaar, das heute verheiratet wird, sieht sich in den nächsten fünfundzwanzig Jahren vor dem Scheidungsrichter wieder (ich habe den Herrn Richter ja auch schon kennengelernt).

Wenn wir also in einer Welt leben, in der jede dritte Ehe geschieden wird und wir immer mit der Gefahr leben müssen, Samstagabend von der besten Freundin versetzt zu werden – wie in alles in der Welt soll ich da wissen, ob ich die nächsten zwanzig Jahre einen Partner an meiner Seite habe, der mit mir die gemeinsame Brut großzieht? Wer weiß denn schon, was bis Samstagabend noch alles passiert?

Doch um Kinder in die Welt zu setzen, brauche ich Sicherheit, ein Nest, das auch morgen noch da ist. Nicht selten fallen Nestbautrieb und Kinderwunsch zeitlich zusammen, immerhin begünstigt und bedingt das eine ja das andere.

Wir alle bewegen uns irgendwo auf der Achse zwischen maximaler Freiheit und maximaler Sicherheit. Doch beide

Bedürfnisse scheinen mir unvereinbar wie zwei Pole. Sie in Einklang zu bringen erfordert Kompromisse.

Und so gehört es zu den größten Herausforderungen meines Lebens, herauszufinden, wo auf dieser Skala ich meine Zufriedenheit finde. Es gibt Jahre, da bewege ich mich auf der Nordhalbkugel, nur um dann fluchtartig zu fliehen und mich auf der Südhalbkugel auszutoben. Denn viel zu oft habe ich in meinem Leben aus meinem großen Sicherheitsbedürfnis heraus Verbindlichkeiten geschaffen, die mir am Ende wie ein selbstgebautes Gefängnis erschienen sind. Sicherheit im Leben, die mir vordergründig so viel bedeutet, lähmt mich mehr, als ich mir eingestehen möchte. Und schließlich bleibt mir dann nichts anderes übrig, als fluchtartig die selbst gebauten Mauern zu durchbrechen und meine Freiheiten zurückzuerobern. Nur um den schleichenden Prozess von vorne zu beginnen.

Gott sei Dank gibt es wenige Dinge im Leben, die wirklich für die Ewigkeit sind. Geschlossene Ehen, die keinen Bestand mehr haben, können ebenso aufgelöst werden wie Grundschulden für das erworbene Eigenheim. Gut ist das, denn sonst hätte ich mir mit meinem Streben nach Sicherheit den Weg zu meiner Freiheit endgültig verbaut.

Die Welt um mich herum ist unverbindlicher geworden und ich selbst kann mich davon nicht ausnehmen. Schließlich nehme auch ich die Spontaneität einer unerwarteten Wendung eines Samstagvormittags gerne in Anspruch. Doch in meiner Vorstellung von Familie brauchen Kinder ein zukunftssicheres Nest.

In den Sechzigerjahren führte ein Psychologe namens Walter Mischel in den Vereinigten Staaten den wohl charmantesten Test mit Kindern überhaupt durch, über den bis heute weltweit diskutiert wird und der vielfach kopiert wurde. Der sogenannte Marshmallow-Test untersucht den Zusammenhang zwischen Selbstkontrolle und Gratifikationsaufschub (Belohnungsaufschub).

Dabei wurde Kindern im Vorschulalter ein Marshmallow vorgesetzt und ihnen gesagt, sie würden mit einem zweiten belohnt werden, sofern sie mit dem Essen des ersten Marshmallows warten könnten.

In einer lang angelegten Studie wurde die Entwicklung der getesteten Kinder über Jahrzehnte beobachtet und der Zusammenhang zwischen der Impulskontrolle und späteren akademischen Erfolgen und anderen Persönlichkeitsfaktoren untersucht.

Auf den ersten Blick scheint das Ergebnis eindeutig: Kinder, die warten konnten – also ihrem Impuls, den Marshmallow sofort zu verdrücken, widerstehen konnten –, verfügten auch im späteren Leben über mehr Selbstkontrolle. Kinder, die nicht warten konnten und die Süßigkeit sofort vernaschten, zeigten Eigenschaften wie Sturheit und Neid und waren insgesamt emotional instabiler. Auch schulisch hängten die Geduldigen die Ungeduldigen deutlich ab und erwiesen sich als erfolgreicher.

Bevor aber nun alle Helikopter-Eltern ihren Kindern Marshmallows vorsetzen, um ihre potenzielle Gefährdung als Hartz-V-Empfänger zu ermitteln: Das Ergebnis ist nicht so eindeutig wie es scheint. Noch heute wird weltweit über die unzureichenden Faktoren diskutiert, die bei dem Versuch nicht mitberücksichtigt wurden.

2013 führte die Psychologin Celeste Kidd mit ihrem Forschungsteam an der Universität Rochester eine abgewandelte Form des Tests mit Kindern aus prekären Verhältnissen durch und zeigte, wie beeinflussbar die Kinder bei dem Test sind.

Bevor die Versuchskinder die scheinbar zukunftsweisende Entscheidung des Marshmallow-Vertilgens treffen mussten, teilte sie die kleinen Kandidaten auf und bat die Kinder beider Gruppen, einen Aufkleber zu bemalen. Sie brachte gebrauchte Malutensilien und versprach beiden Gruppen, neue Stifte zu holen und verließ den Raum.

Der ersten Gruppe brachte sie, wie versprochen, neue Malstifte. Der zweiten Gruppe gab sie ebenfalls das Versprechen, welche zu holen – erfüllte es aber nicht. Sie kam immer wieder ohne die angekündigte Ware zurück, entschuldigte sich, redete sich heraus und enttäuschte die Kinder der zweiten Gruppe mit nicht eingehaltenen Versprechen.

Es zeigte sich, dass die Kinder der Gruppe B den Marshmallow sofort vertilgten, während die Kinder aus Gruppe A, die sich auf die Menschen in ihrer Umgebung verlassen konnten, geduldig und vertrauensvoll warten konnten.

Ist doch logisch: Lieber den Spatz in der Hand als die Taube auf dem Dach. Wer weiß, ob die schusselige Dame überhaupt einen zweiten Marshmallow bringt? Esse ich den einen doch lieber gleich, bevor die Trulla mir ihn auch noch wegnimmt!

Verlässlichkeit der Erziehungsberechtigten und der Vertrauenspersonen im Umfeld von Kindern scheint also ein massiver Einflussfaktor auf die Fähigkeit des Gratifikationsaufschubs zu sein.

Wenn ich also vermeiden möchte, dass meine Kinder später unter einer Brücke schlafen müssen, so sollte ich ihnen entweder ein Leben lang Marshmallows vorenthalten oder für eine verlässliche Umgebung sorgen.

Sollte ich irgendwie hinbekommen. Doch blöderweise gehört für mich dazu auch eine Partnerschaft, die nicht aufgekündigt wird wie ein Angestelltenverhältnis. Es braucht in meiner Idealvorstellung eine stabile Beziehung. Zumindest zum Zeitpunkt der Zeugung.

Aber kann ich denn – angesichts der Tatsache, dass mich meine Freundin schon im Kalender hin- und herschubst –, davon ausgehen, dass mein Freund und möglicher Vater meiner Kinder bei mir bleibt? Und kann ich auf mich selbst vertrauen, dass ich das auch will? Vielleicht bin ich ja diejenige, die sich die Freiheit erhalten möchte, die Beziehung auch beenden zu können, wenn sie nicht mehr guttut?

Auch wenn die Realität meist anders ist als erhofft: Mein Wunsch nach einer stabilen Beziehung des Elternpaars ist immerhin das Versprechen wert, sein Bestes zu geben.

Und Gott sei Dank ist mir auch keine Marshmallow-Untersuchung bekannt, die einen speziellen Blick auf

Scheidungskinder gerichtet hätte. Abgesehen davon bin ich sicher, dass auch Kinder getrennter Eltern dem Marshmallow widerstehen, wenn sie wissen, dass sie sich auf ihre Eltern verlassen können, unabhängig von deren Beziehungsstatus. Es wird genug andere Möglichkeiten geben, dem Kind einen verlässlichen Rahmen zu geben, auch wenn es den Schmerz einer elterlichen Trennung verkraften muss.

Und vermutlich gibt es genauso viele Kinder, die auch ihren in Beziehung lebenden Eltern kein Vertrauen schenken können.

Kinder sind doof

Der Satz kommt mir schwer über die Lippen. Aber ich finde Kinder eben doof. Oder zumindest mag ich sie nicht besonders. Schon immer.

Bereits als Kind fand ich meine Altersgenossen ziemlich anstrengend und fühlte mich in der Anwesenheit Erwachsener oder älterer Kinder wohler.

Als sensibles Mädchen empfand ich die Gegenwart von Gleichaltrigen oft als puren Stress. Neckereien, wie sie unter Kindern nun mal üblich sind, fand ich lästig, unfair und bisweilen verletzend. Die Unberechenbarkeit, die unausgereifte Empathie und die fehlende Diplomatie Minderjähriger machten mir schon im Kindesalter zu schaffen. Nahm mir ein Spielgefährte mein Spielzeug weg, fand ich das unverschämt. Streiche spielen, Kitzeln und sonstige

Gemeinheiten, die Kinder einsetzen, um ihre Zuneigung zu zeigen, waren mir fremd.

Ich fühlte mich schon mit vier Jahren zu erwachsen, um mich auf das unbeschwerte Kind-Sein wirklich einlassen zu können. Zu groß war mein Verantwortungsbewusstsein, zu ausgeprägt mein Gerechtigkeitssinn und zu sensibel mein Gemüt.

Aus heutiger Perspektive denke ich, dass ich mir den Luxus von kindlichem Verhalten nicht gegönnt habe. Als Erstgeborene und große Schwester habe ich mir nicht zugestanden, egoistisch zu sein, auch mal unfair und überzogen zu handeln. Zumindest nicht, ohne danach ein schlechtes Gewissen zu haben.

Schon damals habe ich in meine Entscheidungen die Bedürfnisse anderer mit einbezogen und die Grenzen anderer gewahrt.

Und da ich so war, wie ich war, konnte ich wohl nicht akzeptieren, dass andere Kinder sich Privilegien herausnahmen, die ich mir selbst nicht zugestand.

Meine Schuld.

Mit der Geburt meines Bruders – da war ich drei – schlüpfte ich in die Rolle der verantwortungsbewussten großen Schwester, die auf ihren kleinen Bruder aufpasste und ihn beschützte.

Als meine Eltern das erste Mal ohne uns Kinder ein paar Tage in den Urlaub fuhren, gaben sie meinen Bruder und mich in die Obhut meiner Tante, die für ein paar Nächte bei uns einzog. Damals war ich acht.

»Mäuschen, pass schön auf deine Tante auf, damit sie auch alles richtig macht!« Jedes andere Kind hätte diese scherzhafte Aufforderung der Mutter nicht als solche verstanden, sondern den lustig gemeinten Hinweis einfach überhört. Nicht so Klein-Ich.

Ich folgte meiner Tante auf Schritt und Tritt, kontrollierte, ob sie die Spülmaschine richtig bediente, das Essen richtig zubereitete, das meine Mutter für die jeweiligen Tage vorgesehen hatte und die Haustür auch richtig abschloss.

Meine Tante sagt heute mit einem Augenzwinkern, dass sie noch nicht mal alleine die Toilette aufsuchen konnte.

Mich als Verweigerin von Verantwortung zu bezeichnen, wäre also unangebracht.

Kinder leben in dem Luxus, so sein zu dürfen, wie sie sind. Sie dürfen ihren Gefühlen und ihren Bedürfnissen freien Lauf lassen. Sie klettern auf Bäume und spielen mit Bauklötzchen, ohne sich Gedanken zu machen, ob diese Tätigkeiten nun sinnstiftend oder ertragreich sind. Sie werfen sich auf den Boden und weinen, wenn ihnen etwas nicht passt. Sie freuen sich über Kleinigkeiten und nehmen sich Nähe, wenn sie sie brauchen.

Zusammengefasst könnte man sagen, dass Kind-Sein im Allgemeinen ein Zustand ist, der überaus beneidenswert ist.

Also ist es falsch zu sagen, dass ich Kinder nicht mögen würde und natürlich stimmt das auch nicht. Es gibt einige Kinder in meinem Umfeld, die ich sehr gerne mag und für die ich eine tiefe Zuneigung empfinde. Kinder jeden

Alters, die ich sehr lieb habe und die das Gleiche für mich empfinden.

Aber das gilt eben nicht für alle und nicht pauschal.

Es gibt durchaus Exemplare, die ich besonders unangenehm finde und ganz und gar nicht mag: Wenn sie schlecht erzogen sind, zickig und aggressiv (oder beides), oder ich einfach keine emotionalen Anknüpfungspunkte mit ihnen habe.

In meinen partnerschaftlichen und freundschaftlichen Beziehungen bin ich ein sehr geduldiger Mensch. Nachsehen zu haben, Verständnis zu zeigen und Rücksicht zu nehmen sind mir in die Wiege gelegt worden.

Und so kümmere ich mich. Um alle, die mir nahestehen und die mir wichtig sind. Und da ich leider mit der Bürde einer vielleicht übernormalen Empathie geboren wurde, bin ich tagtäglich damit beschäftigt, emotionale Codes zu knacken.

So müsste man doch eigentlich meinen, dass ich mit der Fähigkeit, hinter die emotionalen Kulissen zu blicken, eine gute Mutter sein könnte. Eine Mutter, die sich in ihr Kind einfühlen und auf seine wahren Gefühle reagieren könnte, ohne sich von Getobe und Geschrei blenden zu lassen.

Vielleicht würde es mir ja auch gelingen, ein Menschlein zu erziehen, das irgendwann mit dem Größerwerden lernt, was es bedeutet, erwachsen zu sein. Würde mir das gelingen, wäre das eine Meisterleistung!

Denn wenn ich ehrlich bin: so viele *richtig* erwachsene Menschen kenne ich nicht. Manche mögen das achtzehnte

Lebensjahr vollendet haben, doch ihr Verhalten erinnert eher an das eines Vorschulkindes. Einem Fünfjährigen gesteht man zu, dass er Wutausbrüche bekommt, wenn er eigentlich in den Arm genommen werden möchte. Einem Erwachsenen? Eher nicht. Und auch wenn sich emotionale Ausbrüche bei uns Großen nicht darin äußern, dass wir uns im Konferenzraum auf den Boden werfen und plärren, weil uns der Chef gerade nicht die erwartete Anerkennung zeigt, so erlebe ich es doch Tag für Tag, dass Erwachsene nicht in der Lage sind, ihre Gefühle richtig zu kanalisieren. Auch im Konferenzraum übrigens.

Wenn ich aber meinen Frieden mit unerwachsenen Volljährigen schließen könnte und mich darauf konzentrierte, meinem eigenen Kind zu einer emotional ausgereiften Persönlichkeit zu verhelfen, könnte ich Kinder dann sogar mögen? Vielleicht ja. Und vermutlich könnte ich sogar sehr viel von ihnen lernen, wenn ich mich nur darauf einließe.

Anruf meiner Freundin: »Ich bin so gestresst! Schlimmer als das Schlimmste, das du je erlebt hast!«

»Was ist passiert?«, fragte ich.

»K-I-N-D-E-R-G-E-B-U-R-T-S-T-A-G.«

Oh, Mist, die Kleine hat Geburtstag! Gestern? Heute? Ich bin eine Granate.

»Heute Nachmittag?«, fragte ich und versuchte mich zu erinnern, wie alt die Tochter noch mal war. Drei? Vier? Ach, Mist.

»Wie viele Kinder waren da?«, fragte ich.

»Neun. Und alle scheiße! Kinder sind so was von grauenvoll, anstrengend, nervtötend!«

Ich war entsetzt. »Das darfst du doch nicht sagen! Du hast doch auch eins!«

»Ja, und?«, antwortete sie. »Ich habe noch nie behauptet, Kinder zu mögen. Um ehrlich zu sein, ich mag nur eins – mein eigenes. Sonst kannst du mich mit Kindern jagen! Kleine Terroristen. Blöd ist nur, dass man mit so vielen Kindern zu tun hat, wenn man selbst eins hat.«

Wie lustig. Ich darf also auch als Mutter Kinder doof finden.

Die Entertainer

Meine Eltern haben sich viel um mich und meinen Bruder gekümmert und uns viel Zeit gewidmet.

Zumindest empfinde ich das so. Egal ob Bastelnachmittage, Fahrradausflüge, Schwimmbadbesuche oder auch nur gemeinsam verbummelte Zeit, über mangelnde Aufmerksamkeit konnte ich mich nicht beklagen.

Meine Geburtstage durfte ich jedes Jahr mit meinen Freunden feiern und meine Mutter gab sich sehr viel Mühe mit Dekoration, Essen und Spielen. Ich erinnere mich an Luftschlangen und Luftballons im Wohnzimmer, Kuchen mit Kerzen zum Auspusten und selbstgemachte Pizza zum Essen. Wir spielten Topfschlagen, Blinde Kuh oder dieses Spiel, bei dem man nach einer gewürfelten Sechs erst Handschuhe, Schal, Mütze aufsetzen musste, bevor man eine mit mehreren Lagen Zeitungspapier eingewickelte Schokoladentafel mit Messer und Gabel auspacken durfte.

Damit alle Kinder auch etwas als Erinnerung mit nach Hause nehmen konnten, bastelten wir Freundschaftsarmbändchen und jedes Kind bekam eine Butterbrottüte mit Gummibärchen, Lollis und Bonbons mit nach Hause.

Heute würden Eltern oder Kinder dazu wahrscheinlich sagen: Was für eine spaßbefreite Zuckerparty. Denn Kindergeburtstage sehen inzwischen anders aus; fast könnte man denken, dass alle Jungeltern neben dem Geburtsvorbereitungskurs einen Crash-Kurs in Eventmanagement absolviert haben.

»Topfschlagen spielt man jedenfalls nicht mehr«, ließ ich mich von einer Freundin aufklären. »Meine Sophie feiert in zwei Wochen.«

Oh Gott sei Dank, diesen Geburtstag habe ich noch nicht verpasst.

»Schon vor drei Monaten fing sie an mir in den Ohren zu liegen, dass wir uns etwas ganz Besonderes ausdenken müssten, von dem all ihre Freunde das ganze Jahr erzählen würden.«

»Wieso steht man mit sieben Jahren so unter Druck?«, fragte ich verständnislos und verzog das Gesicht.

»Neun. Sie wird neun.«

Ups.

»Sorry, neun.« Ich blickte verlegen zur Seite.

»Sie war letztes Jahr auf einem Geburtstag einer Schulkameradin eingeladen, der so ziemlich alles toppte, was diese Kinder in ihrem Leben jemals gesehen hatten.«

»Wieso, war Rihanna eingeladen oder hat jede ein eigenes Pony geschenkt bekommen?«, lachte ich.

»So ungefähr.«

»Echt?« Ich verschluckte mich fast an meinem Kaffee.

»Das Geburtstagskind Lena hatte ungefähr zwölf Mädchen zu einer Top-Model-Party à la Heidi Klum eingeladen. Es gab einen professionellen Make-up-Artist und eine Hair-Stylistin, die die Mädchen schminkten und frisierten. Lenas Mutter muss sämtliche Klamottengeschäfte leer gekauft haben und hatte jede Menge Glitzerkleidchen, Tüllröcke und Spaghetti-Träger-Tops parat, aus denen die kleinen Models sich jeweils etwas aussuchen durften. Und dann kam der Fotograf ...«

»Oh je!« Ich schlug die Hände über dem Kopf zusammen. »Was das kostet!«

»Warte, es kommt noch besser. Nach dem Shooting durften die Mädchen in die zum Tanzstudio dekorierte Garage. Ein DJ legte auf und eine professionelle Tanzlehrerin studierte mit den Kindern eine Choreographie ein, die netterweise auch noch von einem Kameramann gefilmt wurde. Fotos und ein Videoclip als Erinnerung an diesen Kindergeburtstag gab es auf Datenträgern mit nach Hause. Und die Messlatte in Sachen Kinderbespaßung ist in etwa auf Mondhöhe montiert. Ich war so sauer.«

»Kann ich nachvollziehen. Aber Sophie wird doch auch verstehen müssen, dass das nicht der Normalfall ist, oder?«

»Was ist bei den Kindern denn schon normal? Vermutlich sind alle Fotos auch noch nachbearbeitet, und die fetten Ärsche der Kinder wegretuschiert worden.«

Wir lachten und tauschten adäquate Ideen für den bevorstehenden Geburtstag der Tochter aus.

Die Wahl fiel letztlich auf einen Ausflug zu einem Indoorspielplatz. Ein Paradies für Kinder – ein Alptraum für Erwachsene. Drei davon standen zur Auswahl und Sophie fand sie alle toll. Sie alle hatten Namen, die ich, am Straßenrand gelesen, eher als Etablissements des horizontalen Gewerbes interpretiert hätte als Orte, an denen man Kinderunterhaltung betreibt: Tollhaus, Tolliwood oder Rambazamba.

Ein paar Tage nach dem Geburtstag stattete ich der Familie einen Besuch ab und brachte ein kleines Präsent für Sophie mit. Irgendwelche Haarbänder und Armreifen, die ich im Vorbeigehen bei einem Accessoires-Laden gekauft hatte. Zu meinem Erstaunen kam das Mitbringsel gut an.

»Wie war's im Tollhaus?«, fragte ich an die Mutter gewandt und grinste.

»Willst du das wirklich wissen?«, ihr fragender Blick verhieß nichts, was mir Lust aufs Kindermachen versprach.

»Ja. Es sei denn, meine Eierstöcke vertrocknen beim Zuhören?«

»Könnte passieren!«, erwiderte meine Freundin und begann dennoch zu erzählen. Von einem Nachmittag mit acht Kindern im Alter von acht bis zehn Jahren, die sich auf

Rutschbahnen, Hüpfburgen oder der Mini-Kartbahn in einer Lautstärke vergnügten, die ein Rammstein-Konzert übertönt hätte. Und das in einer mit schrillem bunten Plastik-Interieur ausgestatteten Halle mit Halogenstrahler-Atmosphäre ohne Tageslicht. Klang nach Wellness!

»Doch das Allerschlimmste war das Mittagessen. Pass auf«, sie setzte sich aufrecht auf die Stuhlkante, um der Pointe ihres Erfahrungsberichts Nachdruck zu verleihen. »Am Imbiss arbeitete eine Verkäuferin mittleren Alters, stämmig und resolut, Kölner Dialekt. Ich bestelle für die Kinder Pommes, Ketchup – was es halt gab. Zupft mich ein kleiner Wurm am Ärmel und fragt mich doch ernsthaft, ob das Essen, das ich gerade bestelle, glutenfrei wäre! Ich schaue die Verkäuferin an, die guckt an mir vorbei und zuckt mit den Schultern. Glutenfrei! Ich glaube nicht, dass die Imbissfrau wusste, was das überhaupt ist. Also habe ich noch ein paar Wiener Würstchen bestellt. Ich wusste ja nicht, ob das Kind tatsächlich an Zöliakie leidet oder ob die Gluten-Nummer der Diät seiner Mutter geschuldet war!«

Ich musste lachen. Tatsächlich ist nur ein Prozent der Menschheit von der sehr leidvollen und unheilbaren Erkrankung des Magen-Darm-Trakts betroffen und muss ihr Leben lang Gluten meiden. Gefühlt ist der Anteil der Betroffenen gerade in manchen Großstadtvierteln deutlich höher.

»Wir essen also Wiener Würstchen, Pommes mit Ketchup und Mayo und die Kinder mampfen als gäbe es kein Morgen«, berichtete sie weiter. »Plötzlich erschrickt ein Mädchen, verschluckt sich fast an ihren Pommes und macht einen,

auch für die beschäftigte Verkäuferin hinter der Theke, unüberhörbaren Seufzer: ›Ohhh ... ist denn da auch Zucker
drin?‹ und starrt auf ihre ketchupgetränkten Würstchen. ›Ich
soll doch extra sagen, dass ich keinen Zucker essen darf!‹

Nach Gluten jetzt auch noch Zucker?! Hat meine Tochter denn nur Diabetiker und Patienten unheilbarer Krankheiten als Freunde? Also frage ich sie direkt nach ihrem
Gesundheitszustand, immerhin muss man als Neujährige ja
auch wissen, ob man Diabetikerin ist oder nicht.«

»Und?«, fragte ich und wusste zufällig, dass in etwa
zehn- bis fünfzehntausend Kinder in Deutschland unter
Typ 1 Diabetes leiden, je nachdem, wo man die Alters-
grenze zieht. Die Bauchspeicheldrüse der Betroffenen produziert kein oder nur wenig Insulin.

»Natürlich nicht. Ihre Mutter habe ihr aber erklärt, dass
Zucker einen fetten Hintern machen würde.«

»Stimmt«, nickte ich zustimmend und wusste nicht, ob
ich lachen oder weinen sollte.

Diesen Essenzirkus kennt man inzwischen, wenn man
Freunde hat, die man ab und zu zum Essen einlädt. Wenn
man nicht gerade fünf verschiedene Gerichte kochen
möchte, reduziert sich das angebotene Repertoire auf
sehr wenige Rezepte. Mindestens ein Vegetarier ist immer
dabei, darum kann ich mich nicht erinnern, wann ich
Gästen zuletzt einen Braten oder ähnliches serviert habe.

Wenn man Glück hat, ist der- oder diejenige ein Pesceta-
rier, der immerhin Fisch isst.

Die meisten nennen ihre Präferenzen im Vorfeld; schwieriger wird es allerdings, wenn die Gäste sie erst offenbaren, wenn sie vor dem angerichteten Teller sitzen.

Der Anweisung »keine Kohlenhydrate« kann ich relativ problemlos nachkommen (Fisch und Gemüse, keine Kartoffeln). Köstliche Pastagerichte, wie ich sie vor einigen Jahren noch sehr gerne serviert habe, scheiden nicht nur schon wegen der Kohlenhydrate aus, sondern enthalten neuerdings auch das unheilvolle Gluten. Da ich aber nicht genau weiß, welches Kohlenhydrat mit Gluten einhergeht, werden diese eben kategorisch vom Menü gestrichen. Kompliziert wird es allerdings beim Thema »basisch« oder noch schlimmer »ohne Histamine«.

Wie viele Möglichkeiten, Essen einzuteilen, gibt es denn noch?

Meine Oma würde verständnislos Rouladen mit Kartoffeln und zuckerhaltigem Rotkraut servieren. Und so sollte ich es vermutlich beim nächsten Mal auch machen. Friss oder stirb!

Dass aber ein zehnjähriger Gast auf der Geburtstagsparty des eigenen Kindes wegen irgendeiner Unverträglichkeit tot umfällt, möchte man nun nicht riskieren. Vermutlich bleibt am Ende nur die Option, in die Einladung zu schreiben, die Eltern mögen das Essen der Kinder bitte selbst anrichten und mitgeben. Und am besten noch so etwas wie: »Der Gastgeber übernimmt keine Haftung für fehlerhaft eingenommene Nahrung.«

Warum eigentlich nicht? Scheint mir eine gute Lösung.

»Keine schlechte Idee«, meinte auch meine Freundin. »Noch so ein Geburtstag und meine Tochter wird nie wieder eine Party schmeißen dürfen, bevor alle Gäste achtzehn Jahre alt sind.«

Wir machten uns noch darüber lustig, dass die meisten der Geburtstagsgäste dank Zucker-, Gluten- und Histaminunverträglichkeit vermutlich sowieso nicht das pubertäre Alter erreichen würden, da der nächste Supermarkt sie vorzeitig ins Grab oder zumindest für die nächsten Jahre in Hausarrest befördern würde.

Andererseits muss man bei allem Amüsement auch festhalten, dass manche Krankheiten heutzutage wirklich vermehrt auftreten, wie zum Beispiel eben Zöliakie, auch genannt Weizenallergie. Gott sei Dank haben Eltern und Ärzte einen Blick für das Gluten als Übeltäter und können das schmerzvolle Leiden, das auch schon Säuglinge betreffen kann, zumindest eingeschränkt behandel- oder kontrollierbar machen.

Und auch wenn man sich lustig macht über die Sperenzchen, die sich offenbar schon Achtjährige in Gesellschaft leisten, so muss man anerkennen, dass nun mal auch das Kinder-Unterhaltungsprogramm auf einem anderen Niveau stattfindet als noch vor ein paar Jahrzehnten.

Alle Festivitäten sind anspruchsvoller geworden, ob Hochzeiten, runde Geburtstage oder die Samstagabend-Einladung zum Essen. Sauerkraut und Würstchen serviert man nur noch selten. Insofern muss man vermutlich einfach akzeptieren, dass sich mit unserem Erwachsenenstandard auch der Standard für Kinder erhöht hat – durch niemand anders als uns selbst initiiert.

Warum andere Mütter keine Vorbilder sind

Verbringe ich ein Wochenende bei meinen Eltern in der alten Heimat, dekoriert meine liebenswerte Mutter mein Kopfkissen jedes Mal mit einem kleinen Willkommens-gruß. Meistens liegt eine Zeitschrift bereit, die von ihr sorgfältig ausgewählt wurde und mir die Zeit vor dem Ein-schlafen versüßen soll.

Offenbar denkt meine Mutter, ihre Tochter sei eine Busi-ness-Schnitte mit Karriereambition, denn sie wählt ziel-sicher Magazine aus, deren thematischer Schwerpunkt auf Frauen im Beruf liegt. Sie geht davon aus, ich würde mich über Tipps und Tricks für meine Karriere freuen.

In jeder Ausgabe meiner Bettlektüre werden erfolg-reiche Frauen porträtiert, mit Vorliebe Unternehmerinnen oder noch besser: Start-up-Gründerinnen. Frauen, die Kitas gegründet und ihre Angestelltenjobs gekündigt haben. Frauen, die Sex-Toys für Geschlechtsgenossinnen diskret übers Netz verkaufen. Frauen, die sich als Yogalehrerin, Fotografin oder Dekorateurin selbst verwirklicht haben.

Aber mindestens genauso interessant wie Dildos in dis-kreter Verpackung sind offenbar berufstätige Mütter, die selbständig oder im Angestelltenverhältnis Karriere ma-chen. Sie scheinen in den Magazinen so omnipräsent zu sein wie Helene Fischer im TV. Die Botschaft der Artikel ist immer gleich: Kind und Karriere, das geht!

Doch während ich die Artikel und Interviews lese, habe ich ambivalente Gefühle. Ich bin unschlüssig, ob mir die porträtierten Business-Mamis sympathisch sind oder nicht. Bewunderung und Abscheu regen sich in mir gleichermaßen. Einerseits fühle ich mich angezogen und fasziniert von der Leistung der Protagonistinnen und andererseits blicke ich neiderfüllt und missgünstig auf ihre lächelnden Gesichter.

Vielleicht – oder ganz sicher – ist meine Haltung unfair, denn diese Frauen verdienen in erster Linie Respekt und Bewunderung. Aber sie sind für mich kein mutmachendes Licht am Ende des Tunnels, sie sind eine ziemlich hoch angesetzte Messlatte. Und ich bin nicht sicher, ob es mir guttut, mich daran zu messen. Der Erfolg der Karrieremütter spornt mich nicht an und macht mir keinen Mut. Ich fühle mich angegriffen und minderwertig.

Zwei berühmte und viel zitierte Vertreterinnen der arbeitenden Mütter aus den USA sind Sheryl Sandberg und Marissa Mayer. Letztere war Chefin von Yahoo, immerhin viele Jahre eines der größten Internetunternehmen der Welt. Dreizehn Jahre arbeitete sie als Managerin bei Google, bis sie beim Konkurrenten Yahoo den Thron erklomm. Am Tag ihrer Ernennung zum Chief Executive Officer im Juli 2012 gab sie ihre Schwangerschaft bekannt. Angeblich wusste der Aufsichtsrat davon.

Auch Sheryl Sandberg, erfolgreiche Facebook Managerin und attraktiv dazu, ist mindestens ebenso repräsentativ für die erfolgreiche Mutter-Generation wie Mayer. Sheryl – sie ist in etwa die Alice Schwarzer der Mütter-und-Karriere-Bewegung – verrät sogar anderen Frauen ihr Erfolgsrezept. Ihr Buch *Lean In: Frauen und der Wille zum Erfolg* soll Frauen Mut machen, die Karriereleiter zu erklimmen. Und während sie selbst ein Buch schreibt und als COO von Facebook tätig ist, erzieht sie ganz nebenbei noch zwei Kleinkinder. Und lächelt. Wo ist das Problem, liebe Frauen? Ihr müsst es nur WOLLEN!

Warum freut es mich nicht, dass es existierende Beispiele erfolgreicher Frauen gibt, die im Angestelltenverhältnis nicht diskriminiert werden, weil sie Kinder in die Welt gesetzt haben?

Wie schaffen es diese Vorbildfrauen, ihre Kinder und ihre Karriere zu organisieren? Auch ihr Tag hat nur vierundzwanzig Stunden, und zumindest aus meiner Perspektive sieht es so aus, als würden sie nicht an ihrer Arbeitszeit sparen.

Angeblich, so behaupten es manche Medien, beginnt der Arbeitstag von Marissa Mayer nach einem schnellen Frühstück morgens um neun Uhr und endet abends um zweiundzwanzig Uhr. Danach noch eine Runde Laufen im Fitnessstudio, ab vierundzwanzig Uhr etwas Freizeit und Bettruhe um drei Uhr morgens.

Mit dem Arbeitsbeginn um neun Uhr gehe ich d'accord, aber um drei Uhr morgens ins Bett zu gehen ist in meiner

Welt eher ein Programm für Silvester und nicht für einen Mittwochabend.

Sheryl ist mir in diesem Punkt deutlich sympathischer. Sie geht angeblich um siebzehn Uhr dreißig Uhr nach Hause, um mit ihren Kindern zu Abend zu essen. Ich mutmaße mal, dass sie sich nach dem Gute-Nacht-Kuss noch einmal ihrem Laptop widmet und vermutlich morgens vor fünf Uhr aufsteht, wie es erfolgreiche Manager nun mal so tun.

Mary Barra zum Beispiel, CEO von General Motors und Mutter zweier Kinder, war als früher Vogel bekannt. Angeblich saß sie schon morgens um sechs Uhr in ihrem Chefsessel. Was für eine Langschläferin!

Harriet Green, Ex-Chefin des Touristikkonzerns Thomas Cook, schrieb in ihrer aktiven Zeit nachts um vier Uhr dreißig E-Mails und stemmte um halb sechs Hanteln mit ihrem Personal Trainer.

Wie würde das bei mir aussehen?

Früh aufstehen liegt mir immerhin mehr, als nachts wach zu bleiben. Setzt aber voraus, dass ich abends zeitig ins Bett komme und der Zeitraum dazwischen mindestens sieben Stunden beträgt. Ich nehme den Taschenrechner und rechne nach: Wie sieht es aus mit meinem aktuellen Zeitbedarf als Nicht-Mutter?

Beim Thema Schlaf fange ich an. Sieben Stunden sollten es durchschnittlich sein. Auch wenn ich Zweifel habe, ob mich meine Schlafstündchen wirklich schöner machen, so weiß ich, dass mir nur ein paar Tage mit weniger Schlaf deutlich anzusehen sind. Trockene Haut, Augenringe und

Blässe, die auch nicht mit teurer Kosmetik kompensiert werden können.

Die Einschlaf- und Aufwachphase beanspruchen jeweils zwanzig Minuten. Die Zeit im Bad inklusive Duschen, Haarpflege, Schminken, Zähneputzen verschlingt gut und gerne sechzig Minuten pro Tag. Der durchschnittliche Arbeitstag inklusive Mittagspause kann mit neuneinhalb Stunden angesetzt werden, plus Anfahrts- und Abfahrtsweg von jeweils zwanzig Minuten. Frühstück und Abendessen inklusive Zubereitung schlagen in Summe mit circa einer Stunde täglich zu Buche. Dann gibt es noch wöchentlich anfallende Aufgaben.

Um eine objektive Betrachtung auf den täglichen Zeitbedarf zu bekommen, müssen diese Aufwände umgelegt werden.

Mein Sportprogramm ist mir wichtig und kostet circa vier Stunden pro Woche (inklusive Sauna, Duschen und so weiter). Das Putzprogramm und überhaupt die Führung des Haushalts (inklusive Wäschewaschen, Bügeln etc.) kann durchaus mit ebenso viel Zeit veranschlagt werden. Der Lebensmitteleinkauf beansprucht zwei Stunden pro Woche (ich kann mich nun mal schlecht entscheiden). Pediküre und Maniküre müssen regelmäßig gemacht werden und brauchen locker neunzig Minuten pro Woche. Der Nagellack, der in zehn Minuten trocken ist, muss leider noch erfunden werden, auch wenn die Werbung anderes vorgaukelt. Telefonate mit Eltern, Bruder, Freunden setze ich mit vier Stunden an. Dabei ist schon berücksichtigt, dass einige Telefonate dank Freisprecheinrichtung auf dem Weg zur Arbeit und zurück erledigt werden können. Macht in Summe vierzehn Stunden für wöchentliche Aufgaben.

Wenn ich nun die Stunden auf die Tage umlege, ist das Ergebnis nicht überraschend: Zweiundzwanzig meiner vierundzwanzig Stunden am Tag sind verplant.

Bleiben immerhin durchschnittlich zwei Stunden täglich für sonstige Aktivitäten wie Fernsehen, Lesen oder Verabredungen.

Insgesamt genug Zeit für mich selbst. Kein schlechtes Ergebnis.

Doch nun zu dem zu erwartenden Zeitbedarf mit Kindern. Babys und Kleinkinder bis zu vierundzwanzig Monaten nehme ich aus der Rechnung heraus, weil sie einen ja mehr oder weniger rund um die Uhr beanspruchen.

Was von meinen bisherigen ›Zeitausgaben‹ ändert sich also mit einem etwa zweijährigen Kind?

Der Lebensmitteleinkauf zum Beispiel würde mit Kindern nicht schnell erledigt sein. Ebenso wenig die Zubereitung des Essens und das Essen selbst (etwa zwei Stunden am Tag). Dazu kämen neue Aufgaben: Kinder wecken und ins Bett bringen, inklusive Gute-Nacht-Geschichte (circa sechzig Minuten).

Waschen, Anziehen, Wickeln, pro Tag mindestens sechzig Minuten. Zeit zur Kinderbespaßung (Basteln, Vorlesen, Murmelbahnen-Bauen), vielleicht sechzig Minuten?

Ohne die Summe zu bilden, wird schnell klar, dass der zu erwartende Zeitbedarf nicht durch meine freien

Kapazitäten von zwei Stunden pro Tag erledigt werden kann. Es müsste also abgespeckt werden. Aber wo?

An fixen Punkten wie dem Fahrtweg zur Arbeit oder dem morgendlichen Fertigmachen kann nichts geändert werden, andere Variablen müssten überprüft und zur Disposition gestellt werden. Doch selbst wenn ich nur noch mit ungepflegten Händen und unfrisierten Haaren auf die Straße gehe, würde mir die Streichung dieser Positionen keinen wesentlichen Zeitvorteil verschaffen. Ansätze zur Einsparung gibt es demnach nur bei zwei Blöcken: Schlaf und Arbeitszeit.

Viele Mütter, die vor der Geburt ihrer Kinder als Langschläferinnnen bekannt waren, haben mir von ihrer plötzlichen Super-Power als Mutter und ihrer Leistungsfähigkeit trotz Schlafmangel berichtet.

Und das soll ich glauben?

Schlaf ist etwas Essenzielles. Habe ich eine Nacht zu wenig, brauche ich zwei Tage und Nächte, um mich wieder einzufangen. Ich bin unkonzentriert, ganz und gar nicht leistungsfähig und erst recht nicht gesellschaftsfähig. Schlafmangel ist für mich vergleichbar mit der Männergrippe – ich jammere wie ein Baby.

Ich finde es also zumindest erstrebenswert, irgendwann wieder ein Sieben-Stunden-Schlaf-Level zu erreichen. Bleibt dementsprechend als letzte Möglichkeit nur die Einsparung von Arbeitszeit.

Es ist offensichtlich: Mutter sein und Vollzeit arbeiten geht einfach nicht.

Wie managen wir das Zeitproblem? Die Kindererziehung in die Hände Dritter geben vielleicht?

So jedenfalls scheinen die Damen aus den Zeitschriften das Problem zu lösen.

Aber Sheryl und Marissa sind nicht stellvertretend für ein Problem, das in Nicht-Vorstandspositionen viel mehr zu Buche schlägt als mit einem Millionen-Gehalt. Denn wir Otto-Normalo-Frauen können uns eine flexible Rund-um-Betreuung für unsere Kinder leider nicht leisten.

Oder die Finanzierung eines Jet-Set-Lebens für unsere Eltern, damit sie uns auf Schritt und Tritt begleiten wie Supermodel Heidi es dem Klum-Clan ermöglicht. Und unsere Männer bleiben bei unseren Gehältern nicht liebend gerne zu Hause und kümmern sich selbst um die Brut während wir arbeiten (abgesehen davon, dass wir uns ehrlicherweise auch fragen, ob wir das überhaupt wollen).

Die Identifikation mit Frauen in Vorstandssesseln und Aufsichtsräten hinkt. Sie nehmen die Rolle ein, die Männern bis dato vorbehalten war und geben die Mutterrolle in die Hände Dritter.

Mein Anspruch, Karriere zu machen (was auch immer das bedeuten mag) und mein Wunsch, eine gute Mutter zu sein, scheinen sich nicht so versöhnlich miteinander vereinbaren zu lassen wie bei den porträtierten Super-Mamis.

Eine Seite würde immer leiden, geschuldet dem Spagat, die begrenzten vierundzwanzig Stunden des Tages aufteilen zu müssen – eine tagtägliche Zerreißprobe, der sich eine berufstätige Mutter kaum entziehen kann.

Ich nahm mir vor, keine Reportagen mehr über Karriere-Muttis zu lesen und bat meine Mutter, mein Bett künftig lieber mit Klatschzeitschriften zu dekorieren. Seitdem halte ich lieber Ausschau nach sympathisch normalen Frauen, die sechs Wochen nach der Geburt noch nicht nackt über den Laufsteg laufen können.

Cupcakes und Thermomix

Vor ein paar Jahren hörte ich zum ersten Mal von dem Begriff »Push-Prämie«: Frau bekommt von Mann ein Geschenk, weil sie gerade ein Baby durch ihren Geburtskanal gepresst hat. Vermutlich will sich der Mann damit vom schlechten Gewissen freikaufen, immerhin hat er ja Teilschuld an der ganzen Misere.

Ich habe mir sagen lassen, dass Brustimplantate und Luxus-Handtaschen die Klassiker unter den Push-Prämien seien. Eine Handtasche – als Entschädigung für Schmerzen, Verzicht auf Schlaf, Sexualität und Figur. Ich hoffe, sie ist wenigstens von Prada.

Auch sehr beliebt als Instrument der Gewissensbefriedigung: der Thermomix, das Wundergerät aus Deutschland, ohne das heutzutage offenbar kein Haushalt mit Kind überleben kann.

Mehr als tausend Euro kostet die Küchenmaschine und ist damit immer noch günstiger als die angepeilte Handtasche. Der Mixer mit Heizfunktion aus Wuppertal verkauft sich in manchen Ländern besser als Apples iPhone und mutiert zum Angeber-Objekt in der häuslichen Küche.

Unförmig und unschön wie ein All-in-one-Küchengerät eben ist, thront der Koloss auf dem hochglanzweißen Küchenblock. Mein Haus, mein Kind, mein Thermomix.

»Und was kann das Ding jetzt alles?«, fragte mein Lebensgefährte eine Bekannte, die sich in unserem Stammlokal an unseren Tisch gesetzt hatte und von ihrem geplanten Thermomix-Abend berichtete.

»Alles«, sagte sie.

»Ja, wie? Alles?«

»Eben alles.«

Selbst meinem Freund, der in seinem Leben wohl höchstens fünfmal am Herd stand und noch nicht mal Spaghetti kochen kann, war nicht entgangen, dass der Thermomix das neue Must-have der letzten und diesjährigen Saison war. Und für technische Lifestyle-Geräte darf man sich ja auch als Mann interessieren, selbst wenn man nicht gerne kocht.

»Noch mal«, fragte er, noch immer nicht zufrieden mit ihrer Antwort. »Was heißt denn ›alles‹? Gibt mir doch mal ein Beispiel!«

»Na, das Ding kann mixen und heizen, rühren und dämpfen. Nur backen kann es nicht.«

»Ha! Eben nicht alles.« Er lachte.

Schnell schob sie hinterher: »Der Thermomix macht aus Zucker Puderzucker.« Der Satz saß.

»Puderzucker?«, er guckte ungläubig. »Ich dachte, den kann man so kaufen.«

»Ist aber teurer«, sagte sie stolz.

»Hhm.« Er nickte zustimmend.

Ich glaubte nicht, dass mein Freund jemals schon auf den Preis von Puderzucker geguckt hatte, aber wie Puderzucker hergestellt wird, würde ihn wohl doch mal interessieren.

»Wann ist deine Tupperparty?«

»Nix Tupper, Thermomix! Am Dienstag übernächste Woche.«

»Okay, dürfen wir kommen?«

Bitte was? Hatte uns mein Freund, der Rosmarin nicht von Thymian unterscheiden konnte, gerade zu einer Thermomix-Party angemeldet?

Offensichtlich.

Und so dackelten wir zwei Wochen später zu besagter Party.

Anwesend waren die Gastgeberin, die Thermomix-Fee, drei Mütter und wir zwei. Der Mann des Hauses hatte bei so viel Koch-Enthusiasmus die Flucht ergriffen. Immerhin, dachte mein Freund wahrscheinlich, blieb so mehr Essen für uns.

Und so war es. Das Automaten-Ding kochte Suppe, knetete Brötchenteig, häckselte Rohkostsalate und dämpfte Hackbällchen mit Gemüse. Alles etwas geschmacksneutral, aber egal. Immerhin hatte der Thermomix ja von allein gekocht, wer nimmt's denn dann schon so genau mit dem Geschmack.

Es leuchtete mir ein, dass Mütter, die ganztägig ihre Kinder in der Manduca tragen müssen und noch nicht mal mehr drei Minuten Zeit haben, um sich zu duschen, in einem Thermomix einen praktischen Helfer finden. Auch Typen wie mein Freund, die außer Käsebrot keine Mahlzeit zubereiten können, können einen Thermomix wohl gut gebrauchen. Oder man ist das andere Extrem, kocht leidenschaftlich gerne und hat den Ehrgeiz, einfach alles selbst herstellen zu können: Mehl, Brotteig, Puderzucker natürlich. Aber ein solches Bohei um ein Küchengerät? Meine Mutter hatte in meinen Kindertagen keinen Thermomix und ich bin deswegen nicht mit Alete und Hipp groß geworden. Warum tut jede Neu-Mama denn nun so, als könne man ohne den Thermomix nicht mehr existieren?

Mal wieder Besuch in der Münchner Heimat.

Ich besuchte eine alte Studienfreundin, Mutter einer zweijährigen, zuckersüßen »Prinzessin«. Auf dem Tisch standen ebenso zuckersüße Cupcakes. Nicht etwa auf einer schnöden Kuchenplatte – nein, auf einer kunstvoll mit Johannisbeeren dekorieren Etagere. Krümelmonster-Cupcakes mit blauem Frosting, Vanille-Cupcakes mit Beeren-Haube, Schoko-Cupcakes mit Doppelschoko-Frosting.

»Ja, sag mal, wo hast du denn diese wunderbaren Törtchen her?«, fragte ich.

Sie wohnte in einem hippen Münchner Stadtteil und ich ging davon aus, eine Cupcake-Manufaktur hätte sich in der Gegend niedergelassen.

»Selbst gebacken«, antwortete sie stolz.

»Du?« Ich fürchtete, meine Reaktion kam einen Tick zu schnell. In meiner Erinnerung an unsere gemeinsame Studienzeit ragten die Kochkünste meiner Freundin über Spaghetti mit Pesto aus dem Glas nicht hinaus.

»Ja«, antwortete sie keck, »ich habe einen Thermomix bekommen.«

Ach ja, hätte ich mir ja denken können.

Als ob ich nicht von meiner Thermomix-Party-Teilnahme wüsste, dass das Ding einfach ALLES kann.

»Ach, du auch?«, fragte ich und versuchte, nicht allzu vorwurfsvoll zu klingen.

»Ich brauchte dieses Gerät unbedingt«, verteidigte sie ihre Anschaffung.

Sie schien zu ahnen, dass ich wusste, wie viel das Ding kostet.

»Weißt du«, sagte sie, »zweimal pro Woche treffen wir uns mit anderen Müttern, einmal die Gruppe vom Babyschwimmen und einmal die Runde aus dem Geburtsvorbereitungskurs. Wir treffen uns halt immer nachmittags zum Kaffee und jeder bringt was mit.«

»Zweimal pro Woche?«, fragte ich ungläubig.

»Ja. Und vergiss die Kindergeburtstage nicht. Wir sind insgesamt elf Mütter, da hat ständig ein Kind Geburtstag.«

Oh mein Gott. Das klang wirklich so, als könnte man es sich auch finanziell nicht mehr leisten, fertigen Puderzucker zu kaufen. Ich musste ihr Recht geben. An einem

Thermomix kommt man offenbar als vielverabredete Mama nicht mehr vorbei!

Mir wurde schlecht. Ob das am dritten Cupcake oder der Vorstellung lag, wie ich als Mutter Tag ein, Tag aus Kuchen produzierte, konnte ich nicht sagen.

In meinen Kindheitstagen gab es zu Geburtstagen keine Krümelmonster-Cupcakes oder Eisprinzessin-Elsa-Torten in knalligem Türkis. Zu meiner Zeit gab es Marmorkuchen und Sandkuchen mit Zuckerguss und Kerzen drauf.

Irgendwie dachte ich, ich könnte das heutzutage als Mutter auch so machen.

Während mein Blick auf der Etagere verharrte, wurde ich mir meines Trugschlusses bewusst. Meine Vorstellungen vom Muttersein waren weit von der Realität entfernt! Ich wäre ja schon stolz, wenn ich einen Dr. Oetker-Kastenkuchen gebacken hätte. Aus Zeitmangel hätte ich vermutlich noch nicht mal den Marmorkuchen gewählt, da müsste ich noch den Teig teilen, um der einen Hälfte noch Kakao beizumischen. Ich hätte mich für den mit den Schokostückchen entschieden: Teigmischung in die Schüssel, Milch und Eier dazu, Schokostreusel rein. Gut ist.

Und jetzt stellte ich mir vor, wie ich mit meiner Kastenform bewaffnet in der Tür stehe, die Höhle der Kinderlöwen betrete und alle Mütter, die ihrerseits mit SUV und Tortenplatten angerückt sind, mich taxieren, als hätte ich es als Gast auf einer Hochzeit gewagt, im weißen Kleid zu erscheinen. Dabei hätte ich mir doch noch extra die Mühe gemacht, meinen Kuchen mit Schokoladenüberzug und Gummibärchen zu verzieren!

Allein durch die Vorstellung fühlte ich mich schon wie eine Versagerin. Da würde auch ein Thermomix nichts helfen. Wenn schon Push-Prämie, dachte ich trotzig, dann wohl besser eine Handtasche.

Wenn du Kinder hättest

Ich bin keine Mutter, wohl aber amtlich inthronisierte Patentante eines inzwischen volljährigen Jungen.

Auch anderen Kindern meiner Freunde werde ich oft als »Tante« präsentiert, obwohl ich das Amt der Patenschaft nicht offiziell ausübe.

Doch die Tante ist nicht unbedingt das, was man als Paradebeispiel einer guten Patentante bezeichnen würde: Alle sechs Monate lasse ich mich blicken und bin nach ein paar Stunden Kaffeetrinken wieder fort. Keine Ausflüge mit den Sprösslingen, keine wöchentlichen Anrufe, lediglich dreißig Minuten Murmelbahn-Bauen zweimal im Jahr. Ich bin wirklich schlecht.

Da ich mich wenig in den Familienalltag meiner Freunde einbringe, weiß ich tatsächlich wenig über ihre Sprösslinge und erst recht wenig über das, was ihnen Spaß macht.

Um mich von meinem schlechten Gewissen zu befreien, bringe ich zu meinen Kurzbesuchen Geschenke mit. Auch deshalb, weil ich die Geburtstage der Kleinen regelmäßig vergesse, da ich dummerweise jedes Mal versäume, mir die Daten von den Geburtskarten zu notieren. Nach vier oder fünf Jahren traut man sich einfach nicht mehr, danach zu fragen.

Da ich als Nicht-Mutter nicht recht weiß, über welche Geschenke sich Kinder freuen, finde ich in Online-Shops wie Amazon gute Helfer. Passend zu jeder Altersstufe werden mir Top-Seller empfohlen und ich wähle das, was aktuell am meisten gekauft und am besten bewertet wird. Seit ein paar Jahren ist es vor allem dieses türkisfarbene Prinzessin-Elsa-Gedöns, an dem selbst ich in Geschäften nicht vorbeikomme, ohne davon Notiz zu nehmen. (Die Quelle der Türkisexplosion im Kleiderregal war mir indes nicht bekannt, bis ich mich von einer befreundeten Mutter habe aufklären lassen.)

Als ich von einer USA-Reise zurückkam, brachte ich Strampelanzüge für das Neugeborene meiner Freundin mit. Coole Marke, cooles Baby-Outfit. Dachte ich zumindest, denn die Freude der Mutter des beschenkten Kindes hielt sich in Grenzen.

»Hmm, danke. Sehen süß aus.«

An ihrem Ton merkte ich schnell, dass sie noch etwas hinterher schieben würde.

»Aber der Strampler hat oben an den Schultern keine Druckknöpfe. Und wenn du Kinder hättest, wüsstest du, dass Babys sich nicht gerne Oberteile über den Kopf ziehen lassen.«

Wenn ich Kinder hätte ...

Ich habe aber keine. Dafür bin ich die coole Patentante, die deinem Kind mal einen ordentlichen Strampler einer angesagten Marke mitbringt, damit es nicht deine Klamotten aus den Siebzigern auftragen muss!

Beim nächsten Halbjahresbesuch ergab sich eine ähnliche Situation. Nach zwei Stunden Kaffeetrinken und Kaffeetrinken-Spielen mit der jüngsten Tochter verabschiedete ich mich am frühen Samstagabend, da ich pünktlich zu einer Verabredung aufbrechen wollte.

»Und, was habt ihr heute Abend noch vor?«, fragte ich mehr aus Höflichkeit als aus Interesse.

Die Hände in die Hüften gestützt schaute sie mich vorwurfsvoll an.

»Wenn du Kinder hättest, wüsstet du, dass man als Eltern nicht mehr viel vorhat an einem Samstagabend! Wir bringen die Kinder ins Bett und schlafen eine Stunde später auf der Couch ein!«

Wieder: wenn ich Kinder hätte ...

Was kann ich denn dafür, dass ihr zwei davon produziert habt und nun die nächsten Jahre an euer Haus gefesselt seid?

Diese Dialoge führten wir so oder so ähnlich seit ein paar Jahren, scheinbar jedes Mal trat ich in ein Nicht-Mutter-Fettnäpfchen.

Ich hatte zwei Möglichkeiten mit der Situation umzugehen. Ich konnte mich im Vorfeld besser informieren und die Expertise anderer Mütter darüber einholen, welche Themen aus Befindlichkeitsgründen besser nicht angesprochen werden durften. Oder ich stellte das Schenken ein und ließ mich noch seltener blicken.

Meine Entscheidung fiel zugunsten der zweiten Option aus.

Es gibt zwei Arten von Freundschaften. Die Sorte Freunde, die man zwar wenig sieht, denen man sich aber tief verbunden fühlt. Auch wenn die Begegnungen selten sind, sind sie intensiv und reichen für eine langjährige Bindung. Man sieht sich viel zu selten, hat aber nach wenigen Momenten des Beisammenseins wieder das Gefühl der Vertrautheit, das auch über Distanz und Zeit nicht verloren geht. Nach wenigen Minuten kommt es einem vor, als habe man sich »erst gestern gesehen«, kann nicht glauben, »dass es wirklich schon so viele Monate her ist« und nimmt sich vor, die Treffen regelmäßiger einzuplanen. Was natürlich in den seltensten Fällen gelingt. Je länger man sich nicht hört oder sieht, desto schwieriger ist der Griff zum Telefon. Nicht weil man kein Bedürfnis hätte, diese Freunde zu hören oder zu erfahren, wie es ihnen geht, sondern weil man weiß, wie lange so ein Telefonat dauern würde. Und aus irgendeinem Grund scheut man sich davor, sich die Zeit zu nehmen.

Und es gibt die Sorte Freunde, die man im Alltag erlebt und mit denen man viel Zeit verbringt. Freunde (oder meistens: Freundinnen), mit denen man bummeln geht, sich ins Fitness-Studio quält und kurz anruft, wenn man

bei Ikea vor dem Regal steht (»Brauchst du Teelichter?«).
Man muss nicht viele Worte verlieren, Telefonate sind meist
kurz und knackig und mühelos in den Tag integrierbar. Der
eigene Hintergrund und die Geschehnisse des Lebens sind
bekannt, man muss sich nicht groß erklären oder die Ereignisse der letzten Monate zusammenfassen, um dann den
aktuellen Schmerzpunkt mitzuteilen.

Meine Freundin »Wenn-du-Kinder-hättest« kenne ich
seit vielen Jahren, lange bevor sie ihren Mann kennenlernte,
Kinder gebar und in das Doppelhäuschen im Umland zog.

Sie gehörte zur letzteren Kategorie Freunde. Wir haben
viel gemeinsam erlebt und unseren Alltag geteilt. Ich wusste alles, tagesaktuell. Wir teilten Freude, Sorgen, Leid.

Doch irgendwann, es war der Zeitpunkt als ich mich
scheiden ließ und sie ein Kind zur Welt brachte, bog die
eine rechts, die andere links ab. Obwohl es viele Jahre den
Anschein machte, als würde uns nichts entzweien können,
als würden wir das Leben der anderen immer begleiten,
stellte sich unserer Freundschaft eine Weiche in den Weg.

In den Monaten der Schwangerschaft nahm ich noch
großen Anteil, ich bemühte mich um Interesse an Themen,
die mich selbst zwar nicht tangierten, die ich aber für eine
Bereicherung meines Allgemeinwissens hielt.

Doch spätestens nach der Geburt zeigte sich, dass ich
nicht mehr mithalten konnte.

Das wenige Wissen, das ich über die frühkindliche Entwicklung eines Babys hatte, reichte nicht, um mir die Position als wichtigste Ratgeberin in ihrem Leben zu sichern.

Sie suchte sich andere Mütter, um sich auszutauschen und um ihren Alltag zu teilen. Und da ihr Kind von jetzt auf gleich achtundneunzig Prozent ihrer Gesprächsthemen beanspruchte, hatte ich kaum mehr Anknüpfungspunkte. Schließlich zog ich mich zurück.

Doch ihre Wandlung war nicht nur der Geburt ihrer Kinder geschuldet, sondern auch und vor allem an Veränderungen geknüpft, die sie in gleichem Atemzug vollzog: Umzug aufs Land (ich definiere städtische Grenzgebiete als »ländlich«), Tausch des Mini-Cabrios gegen den praktischen Kombi, Grillen mit den Nachbarn statt nächtliche Abende auf dem viel zu kleinem Balkon mit viel zu vielen Flaschen Wein und einer Taxifahrt nach Hause.

Heute sind unsere Leben so weit voneinander entfernt, dass wir uns schwertun, die Sorgen und Nöte der anderen zu verstehen. Themen, die mich beschäftigen, kommen ihr in ihrem gestressten Mutterdasein nichtig vor. Zu groß sind die Herausforderungen ihres Alltags, zu knapp ist die Zeit, sich mit eigenen Dingen zu beschäftigen. Sie sieht mich schon lange nicht mehr als kompetente Gesprächspartnerin für ihre alltäglichen Probleme und gibt mir das unbewusst zu verstehen.

»Hab du erst mal Kinder!« ist das Totschlagargument für jeden Kommentar, den ich mir erlaube.

Im Gegenzug gestehe ich auch ihr nicht mehr zu, mir Ratschläge zu erteilen, denn auch mein kinderloses Leben ist in den Dreißigern nicht mehr so wie in den Zwanzigern. Heute schreibt mir keiner mehr Samstagabend um zweiundzwanzig Uhr eine SMS, was heute Abend »noch geht«, so wie früher. Auch mein Leben hat sich verändert, wenn auch nicht so dramatisch wie ihres.

Der Zeitpunkt der Geburt ihres ersten Kindes hat uns entzweit; es gibt eine Freundschaft davor und eine danach.

Vermutlich ist es ganz normal, dass sich der Bekanntenkreis ab einem gewissen Alter in Eltern und Nicht-Eltern aufteilt. Schließlich unterscheiden sich der Alltag und die Freizeitgestaltung einer Familie so wesentlich von denen eines kinderlosen Paares, dass die Unterschiede stärker wiegen als die Gemeinsamkeiten. Schade eigentlich. Ob wir beide wieder auf demselben Weg gehen würden, wenn ich auch ein Kind hätte?

Die Mami-Polizei

Mein Vater ist ein sehr kluger Mann. Auch wenn meine Mutter zeitlich den Löwenanteil unserer Erziehung übernommen hat, so waren es die Werte meines Vaters, die meinem Bruder und mir immer die Richtung gewiesen haben.

Als Führungskraft verstand mein Vater es perfekt, durch Wiederholung bestimmter Leitsätze seine Richtung zu diktieren. Und noch heute gibt es zahlreiche Aussagen meines Vaters, die wir in der ganzen Familie immer wieder zitieren.

»Du sollst nicht mit den großen Hunden pinkeln gehen, wenn du das Bein nicht heben kannst«, mahnte er zum Beispiel meinen kleinen Bruder, wenn dieser mal wieder von jugendlichem Übermut heimgesucht wurde und meinte, er sei »schon groß«. Oder er beendete Diskussionen, in denen ich versuchte, eine Erlaubnis für etwas einzuholen, was andere durften und ich nicht, mit dem einfachen Satz: »Was interessiert mich, was andere tun«.

»Es spielt keine Rolle, ob deine Freunde am See übernachten dürfen. Du darfst es nicht.«

»Es ist mir egal, ob andere diese Turnschuhe haben, du bekommst sie nicht.«

Okay, Papa. Verstanden.

Argumente, die sich auf Vergleiche mit anderen stützten, ließ er nicht zu. Unnachgiebig und konsequent verfolgte er seine eigene Haltung. Gut, dass es damals noch keine Smartphones gab. Ich hätte bestimmt keines gehabt.

Was ich als Kind als nachteilig empfand und mir den ein oder anderen Partybesuch verhagelte, habe ich heute auf positive Weise verinnerlicht. Mich interessiert es nicht, was andere sagen. Es spielt keine Rolle, was andere haben oder was nicht.

Ich muss mich nicht vergleichen, nicht im Wettbewerb sein. Ich entscheide selbst, was ich gut finde und was nicht. Was andere tun, beobachte ich und bilde mir eine eigene Meinung. Was andere sagen, höre ich mir an und prüfe dann, ob ich es genauso sehe. Ich bin mein eigener Kompass.

Und um meine Haltung zu verteidigen, meide ich wohl auch den Vergleich mit den Karrieremüttern aus den Hochglanzmagazinen.

Dieses Gefühl der Unabhängigkeit, für das ich gekämpft habe und das ich mehr schätze als alles andere, gäbe ich in einer möglichen Schwangerschaft in der ersten Woche ab.

Kinder öffnen schon ungeboren im Bauch unwillkürlich das Tor für die Mitsprache anderer. Angefangen von klugen Ratschlägen aus dem Freundes- und Familienkreis bis zum Staat, der mir diktiert, wann mein Kind zum Arzt sollte und wann ich mit ihm in den Urlaub fahren darf (Schulferien).

»Wie, du gehst nicht zum Schwangerschaftsyoga? Und möchtest schon nach vier Monaten abstillen?«

»Dein Kind kann noch keine zweite Fremdsprache? Es ist doch schon fünf!«

Obwohl Schwangerschaft und Familie sehr private Angelegenheiten sind, werden sie ebenso öffentlich diskutiert wie beeinflusst. In keiner Lebenssituation scheinen so viele Personen mitzureden wie bei Geburt und Kindererziehung. Die eigene Mutter, die Freundinnen, fremde Personen auf der Straße. Jeder scheint es besser zu wissen als die Erziehungsberechtigten.

Insbesondere die Personengruppe, die selbst am meisten unter der Einflussnahme anderer zu leiden hat, trägt den vielleicht wesentlichsten Teil dazu bei: die Mütter selbst.

Die sogenannte »Mami-Polizei«, wie sie meine Freundin nennt, ist unnachgiebig streng. Noch nie habe ich so viele Vergleiche und so viel Konkurrenz erlebt wie unter Müttern. Noch dazu wird die Messlatte von niemand anderem so hoch gesetzt wie von den Müttern selbst.

Nicht die Väter, die als Erfüllungsgehilfen eingespannt werden, nicht die Gesellschaft, sondern einzig allein sie sind es, die den Anspruch an sich definieren. Und der ist hoch. Eine dreistöckige Etagere Cupcakes hoch. Viel zu hoch für meinen Geschmack!

Eine Freundin erzählte mir neulich von ihrem Besuch bei einer befreundeten Familie, wahrscheinlich Bekannte aus dem Babyschwimmen, der Rückbildungsgymnastik oder so. Beide mit je zwei Kleinkindern ausgestattet, trafen sich zum Kaffeetrinken bei der anderen Familie zu Hause.

»Stell dir vor«, sagte meine Freundin zu mir und beugte sich vor. Ihre Haltung versprach die Offenbarung eines pikanten Geheimnisses. »Es war total dreckig!«

»Dreckig?«, fragte ich und erinnerte mich an eine Reportage über das krankhafte Leben von Messies, die ein paar Tage zuvor im Fernsehen lief.

»Ja.« Sie nickte eifrig. »Staub auf dem Regal und Krümel auf dem Boden!«

»Ach, komm!« Mit gespieltem Entsetzen riss ich meine Arme in die Höhe. »Und ich dachte schon, dass sich Kakerlaken und Ratten um die Essenreste gestritten haben!«

»Und weißt du was?« Sie überhörte meinen Kommentar, sank in ihr Sofa und seufzte. »Ich fand das total toll.«

Bedrückt gestand sie mir, wie sehr sie ihre Freundin um ihre Lockerheit beneidete. »Sie war so fröhlich und hat sich anscheinend überhaupt keinen Stress gemacht.«

»Warum sollte sie auch?«, fragte ich. »Kann mir vorstellen, dass sie Wichtigeres zu tun hat, als mit der Zahnbürste die Fugen ihrer Küchenfliesen zu schrubben. Kannst du das denn nicht? Einfach mal ein bisschen Chaos ignorieren?«

»Ich wünschte, es wäre so. Aber ich bin von morgens bis abends auf den Beinen und denke immer, es muss alles perfekt sein.«

Arme Maus. Irgendwie konnte ich sie ja verstehen. Auch ich lebe lieber in einer Wohnung, von der mein Freund immer behauptet, man könne auf dem Küchentisch operieren. Mein geliebter Mitbewohner und ich haben genügend Kämpfe auszutragen, was unsere zugegeben unterschiedliche Erwartung an Ordentlichkeit und Sauberkeit betrifft.

Ich fragte mich, ob ich damit leben könnte, wenn meine Ressourcen es nicht mehr zulassen würden, diesen Zustand zu halten. (Habe ich die Position »Saubermachen« in meiner Aufstellung des zu erwartenden Zeitbedarfs ausreichend berücksichtigt?)

Abgesehen von dem Dreck, der mit Kindern ja unwillkürlich einzieht, würde meine Wohnung überhaupt ganz anders aussehen. Mein Geschmack ist sehr gradlinig, am liebsten mag ich Einrichtungen in weiß und creme. Holz ist als Wärmespender gestattet. Buntes hat in meiner Wohnung wenig verloren.

Mit den Kindern kämen nicht nur die Sorgen, sondern auch die Farben: Pink, Blau, Gelb, Rot und – Hilfe! – Grün. Ich glaube nicht, dass Kinder Spaß an weißem und beigem Spielzeug haben.

Heutzutage reicht auch eine Wandfarbe zum Kindesglück offenbar nicht mehr aus. Wandtattoos mit Eulen, Prinzessinnen und Autos schmücken die Wände der Kinderzimmer. (Gibt es auch Wandtattoos mit der Eisprinzessin? Bestimmt.)

Ich fragte mich, wieso meine Freundin, deren stilsichere Wohnung die Verwandlung zur Kindertagesstätte recht plötzlich vollzogen hatte, ihren Perfektionismus nicht in Gelassenheit wandeln konnte. Offensichtlich stand sie unter großem selbst auferlegten – und wahrscheinlich auch durch andere Mütter erzeugten – Druck.

Bevor sie Mutter wurde, war sie als Führungskraft beruflich sehr ehrgeizig gewesen. Ihr Bestreben nach Perfektion hatte sie im Beruf weit gebracht, im Privatleben fiel es ihr nun auf die Füße.

Und selbst wenn es ihr gelungen wäre, ihre Ansprüche zu drosseln, so ließe ihr Umfeld sie trotzdem nicht aus der Nummer raus. Andere Mütter, die von ihrer Emsigkeit nicht abzurücken vermochten, konfrontierten sie immer wieder mit ihren Defiziten. Denn die Mami-Polizei wacht und urteilt.

Mit dem gleichen Engagement, wie sie einst ihre Jobs bewältigt haben, starten Jungmütter das Projekt »Kind«. Mit dem gleichen Ehrgeiz, mit dem gleichen Perfektionismus und der gleichen Professionalität.

Und so überrascht es mich nicht, dass es an der New Yorker Upper East Side Frauen von reichen Investment-Bankern gibt, die von ihren Männern jährliche Bonuszahlungen erhalten, wenn sich ihre gemeinsamen Kinder gemäß Zielvorgabe entwickeln und von der Mutter standesgemäß bespaßt werden. »Ehefrauen-Bonus« nennt man diese Gratifikation, die vermutlich mit einer Zielvereinbarung zu Jahresanfang mit dem zahlenden Gatten ausgehandelt wird. Die Mutter wird zur Erreichung vereinbarter Ziele ihrer Kinder verpflichtet: gute Noten in der Schule, körperliche Ertüchtigung und hübsches Äußeres, gute Umgangsformen und hoher Unterhaltungswert auf Dinnerpartys. Das Haushaltsgeld ist hart erarbeitet!

Auch fernab der Upper East Side wird Kindererziehung als ernst zu nehmendes Projekt betrachtet. Gesegnet mit allen Eigenschaften und Fähigkeiten, die Frauen im Berufsleben unter Beweis stellen mussten, stürzen sie sich in die neue (Doppel-)Rolle. Sie streben in beiden Lebenswelten, die gleichermaßen hohen Einsatz fordern, nach Höchstleistung. Allerdings mit Zielvorstellungen, die schon in Vollzeit schwer zu erreichen sind. Kommen dann der Perfektionswahn und das Konkurrenzdenken untereinander dazu, ist das Pulver schnell verschossen. Dann heißt es: Krönchen richten, aufstehen und weitermachen.

Doch keine der Mütter gewinnt in diesem Spiel, alle verlieren. Mami-Treff auf der Cupcake-Titanic, dem Untergang geweiht.

Doch anstatt das Problem zu thematisieren und gemeinsam die hohen Messlatten herunterzustufen, schweigen alle. Und lassen es zu, dass eine nach der anderen in diesen destruktiven Strudel gerät. Ein Gespräch darüber, wie viel Energie die Erfüllung aller Ansprüche kostet, käme einem Versagensgeständnis gleich.

Wenn ich Kinder hätte, dann sollte ich zumindest versuchen, es anders zu machen. Mich an die Worte meines Vaters erinnern und eisern nur auf eine Stimme hören: meine eigene. Und versuchen, alles andere auszublenden. Ob mir das gelingen könnte?

Alles dreht sich um die Kinder

Ich habe eine Clique, der inzwischen sieben Frauen angehören, vier davon sind Mütter.

Seit fast fünfzehn Jahren treffen wir uns monatlich einmal zum Mädelsabend im Restaurant, im Kino und zum Abschluss in einer Bar. Unser Lieblingsthema in neunundneunzig Prozent der Fälle: Männer und alle emotionalen Gefühlswelten, die wir dank ihnen durchlaufen. Wir hatten immer eine Menge Spaß dabei.

Unsere Ausgehtruppe reduzierte sich nach und nach, als die ersten Kinder kamen. Die ersten Jahre nach der Geburt sahen wir die Mütter in der Regel nicht wieder. Erst als ihre psychische Verfassung es zuließ, das Kind ein paar Stunden in die Obhut des Partners zu geben, trauten sie sich wieder zu uns. Nicht aber, ohne alle drei Minuten ihr Telefon auf Notfall-Nachrichten zu checken, die nach dem dringenden Rat der Mutter in Fütter-, Wickel- oder Zubettgehfragen verlangten.

Irgendwann machte unser Mädelsabend dann nicht mehr so richtig Spaß.

Als erstes wurden die Barbesuche gestrichen, die Mütter fingen schon um einundzwanzig Uhr an zu gähnen. Als zweites wurden immer exotischere Orte gewählt, die dem Wohnort der Mutter mit dem jüngsten Sprössling am nächsten lagen, auch wenn es ein Wirtshaus in der Pampa war.

Irgendwann waren die Kinderlosen unter uns in der Unterzahl und wir mussten das Konzept unseres Treffens zugunsten der geänderten familiären Situation der Beteiligten demokratisch überdenken.

Vor Kurzem diskutierte unsere Whatsapp-Gruppe über mögliche Alternativen zu dem gewohnten abendlichen Ausgehen. Es brauchte gefühlt achtundvierzig Textnachrichten, um die Schlaf- und Wickelzeiten der Sprösslinge abzustimmen und ein Zeitfenster zu ermitteln, an dem alle Mütter eine Teilnahme zumindest in Erwägung ziehen konnten. Wir einigten uns auf zehn Uhr. Morgens.

Als die Diskussion um die Lokalität begann und sämtliche Frühstückslokale der Stadt bewertet wurden, kam die Idee auf, man könne die Kinder – zumindest die Mädchen (Jungs haben auf einem Mädelstreff nichts verloren) – doch integrieren. Schließlich waren nun fünf Mädchen im Alter von zwei bis neun Jahren auf der Welt, die ebenfalls Teil unserer geselligen Mädelsrunde werden wollten.

Ich hielt mich zurück. War ja eine nette Idee und ganz abgesehen davon sehr effizient: Fünf Kinder auf einen

Schlag, da erübrigt sich das Murmelbahnen-Bauen und Cupcake-Essen.

Doch dann wurde es schräg.

»Wie wäre es mit einem Zoobesuch?«, schlug die Erste vor.

»Kindermuseum?«, fragte die Zweite.

»Spielplatz im Park?«, war der Vorschlag der Dritten.

Moment! Habe ich etwas verpasst? Machen wir nun auf Kindergarten-Ausflug oder ist das immer noch unser Mädelsabend, nur eben zehn Stunden früher am Tag?

Ich naives Ding dachte, dass wir Frauen uns treffen – und die Kinder kommen eben mit. Wir könnten ja Malstifte mitnehmen! So kannte ich das jedenfalls aus meiner Kindheit, wenn meine Eltern uns mit ihren Freunden ins Restaurant mitnahmen. Wir saßen am Tisch, malten, hielten die Klappe und sprachen, wenn wir gefragt wurden. Mein Bruder und ich hatten sogar eine Art Poesiealbum, das wir immer mitnehmen durften und die jeweiligen Gäste meiner Eltern haben uns ein paar Worte geschrieben oder etwas gezeichnet.

Wir waren sehr brav damals!

Und so in etwa stellte ich mir auch unseren neuen Mädelsabend vor. Doch es kam anders.

Es wurde ein Kinderausflug, an dem wir Erwachsenen teilnehmen durften.

Ich konnte den Spielplatz- und den Zoobesuch aufgrund der drohenden Regenwetterlage abwenden. Das Kindermuseum schied wegen der Kleinkinder in der Runde aus. So blieb es letztlich bei einem Treffen in einem kindgerechten

Lokal. Man einigte sich auf ein bekanntes Café in der Stadt, das sich durch eine große Mutter-Kind-Ecke auszeichnete.

Ein Spieleparadies für Kinder, ein Albtraum für Nicht-Mütter.

Auf kleinen Schemeln machten wir es uns zwischen Kinderbüchern, Spielzeug und fremden Kindern bequem, orderten unsere Getränke und unser Frühstück, das wir aufgrund der kindgerechten Tischhöhe auf unseren Knien platzieren mussten. Eine wild tobende Kinderschar sorgte für eine Dezibelzahl, die weit über der erlaubten Höchstgrenze für bewohnte Gebiete liegen dürfte und Gespräche jeglicher Art im Keim erstickte.

Fairerweise muss man sagen: Unsere Mädchen waren süß und brav, spielten mit Holzsteinen, lasen sich gegenseitig vor und starrten gemeinschaftlich auf den Comic-Film auf einem mitgebrachten iPad. Anstrengend waren die fremden Kinder, die die Eltern vorbeibrachten, um selbst in Ruhe am Erwachsenentisch frühstücken zu können und sich über die kostenlose Kinderbetreuung der in der Spielecke sitzenden Frauen zu freuen.

Doch am allerschlimmsten waren die Mütter unserer Sprösslinge.

Bei jeder Regung der Tochter sprangen sie auf, in jeder Sekunde des Unbeschäftigtseins des Kindes wählten sie neue Spielzeuge zur Unterhaltung und unterbrachen jeden Dialog, sobald sich ein Kind ihnen zuwandte.

Das iPad führte auch noch zu großen Diskussionen. Ob es zu verantworten wäre, Kinder mit digitalen Medien ruhigzustellen oder ob das an Vernachlässigung grenze. Dabei schien die Mutter, die das unheilvolle Objekt mitgebracht hatte, die Entspannteste von allen zu sein, während die anderen nervös versuchten, ihre Aufmerksamkeit zwischen Kindern und Erwachsenen gerecht zu verteilen.

Als ich zur Diskussion um Mediennutzung und Ruhigstellung der Kinder beitrug, dass ich früher einen Gameboy besessen und meine Eltern dank Tetris und Super Mario stundenlang keinen Mucks von mir gehört hatten, sagte man mir, dass das ja wohl etwas anderes sei. Ich verstünde nichts davon.

Wir hätten uns den Vormittag sparen können.

Ich kann mir vorstellen, dass die ungemütlichen Stunden auf den Kinderstühlchen keiner von uns wirklich gefallen haben. Weder den Nicht-Müttern, die sich deplatziert fühlten, noch den Müttern, die nicht wussten, wohin mit ihrer Aufmerksamkeit. Auch die Kinder schienen hin- und hergerissen. Die Bilanz war insgesamt mies.

Als ich klein war, haben meine Eltern viel mit mir und meinem Bruder unternommen. Kinderkram meine ich. Genauso kann ich mich aber erinnern, dass wir in das Erwachsenenprogramm einbezogen wurden und uns nicht daran störten, dass es manchmal eben langweilig oder auch anstrengend war. Still sitzen zum Beispiel. Langweilige Autofahrten zu Ausflugszielen, die uns nicht interessierten. Bei Gesprächen, die Erwachsene führten, nicht dazwischen plappern.

Ich finde, das war in Ordnung.

Dafür hatten wir im Gegenzug auch genug kindgerechtes Programm, bei dem wir toben und spielen durften.

Warum scheint es mir, als stünden Eltern heutzutage unter dem Zwang, ständig alles dem vermeintlichen Wohl des Kindes unterzuordnen?

Seit wann dürfen Kinder im Restaurant herumrennen und den Kellnern im Weg rumstehen? Seit wann müssen Erwachsene Dialoge unterbrechen, nur weil ein Kind aus Langeweile am Ärmel der Mutter zupft? Kann man dem Sprössling nicht mehr beibringen, dass er zu warten hat?

Dass wir Kindern heutzutage mehr Rechte und mehr Mitsprache gewähren als früher, ist grundsätzlich etwas Gutes, doch wo liegt die Grenze?

Genau in dem Dilemma fand auch unser Mädelsabend (äh, Mädelsmorgen!) statt. Zu offensichtlich war der Zusammenprall zweier Welten, zu gefangen war jede in ihrer eigenen Perspektive. Aber es ist wohl immer eine Frage, in welcher Ecke des Boxrings man steht, und das beschriebene Erlebnis ist ganz gewiss nicht Standard.

Dennoch beschloss ich nach dem nervösen Vormittag auf Miniaturstühlen, unserem Mädelsabend – der inzwischen zu einem Mädelsvormittag ohne Weinschorle mutiert ist – fernzubleiben. Zumindest so lange, bis ich selbst Kinder habe.

Es sei denn, wir gehen das nächste Mal zu Ikea, kaufen Teelichter und stöbern durch die Textilabteilung, stopfen uns mit Köttbullar voll und geben die Kinder einfach mal für zwei Stündchen im Bällebad ab. Nicht der Kinder wegen. Einfach, weil meine Freundinnen dann für hundertzwanzig Minuten ihre Mutterrolle mal an der Garderobe hängen lassen dürfen.

Helikopter und andere Höhenflüge

Ich habe gelernt, dass es keine gute Idee ist, sich mit Müttern über die Untiefen meiner Gedankenwelt auszutauschen.

Eine Frau, die sich für Kinder entschieden hat und nun auf Gedeih und Verderb diesen Weg gehen muss – oder wie ein kinderloser Freund von mir sagt: »Ein Ticket zur Hölle gezogen hat« –, hat kein Verständnis für meine Zweifel.

Im Gegenteil: Nicht selten höre ich den Vorwurf, ich sei schlichtweg zu egoistisch für Kinder. Ich sei nicht bereit, mein Leben für ein Kind zu opfern. Ich würde mich nur um mich selbst drehen, nur Verantwortung für mich selbst übernehmen wollen und mich mit Problemen rumschlagen, die aus Sicht einer viel beschäftigten Mutter wie Luxus erscheinen. Meine größten Herausforderungen seien es, mein Wochenende zu verplanen, das nächste Reiseziel auszusuchen und meine Freizeitgestaltung mit meinen Arbeitszeiten zu synchronisieren. Ein Tag ohne perfekt lackierte Fingernägel komme in meinem Alltag nicht vor.

Vielleicht haben sie recht und ich bin tatsächlich egoistisch, obgleich ich den Vorwurf nur in Zusammenhang mit meiner Kinderlosigkeit zu hören bekomme. Ich bin keine

Einzelgängerin, sondern im Gegenteil zu Bindungen sehr fähig. Ich halte mich für verantwortungsbewusst, kann aber auch andere in ihrer Verantwortung belassen. Das Ergebnis dieser Abgrenzung ist gut für mich, denn ich kann gut für mich sorgen.

Und damit meine ich nicht nur, dass ich auf eigenen Beinen stehe und ein unabhängiges Dasein pflege, sondern dass ich auf mich und meine Bedürfnisse achte. Wenn nicht ich selbst Verantwortung für mich und für die Gestaltung meines Lebens übernehme, wer bitte soll es denn tun?

Ich halte es ein bisschen wie die Anweisung der Flugbegleiter im Flugzeug: Im Falle eines Druckverlustes legen Sie die Sauerstoffmaske erst sich selbst an, dann helfen Sie hilfsbedürftigen Mitreisenden. Muss ja was dran sein.

Es scheint eine vorherrschende Meinung zu sein, dass sich Eltern heutzutage ganz dem Leben ihrer Kinder widmen und vor lauter Helikopter-Dasein ihre eigenen Bedürfnisse ignorieren müssen. Man opfert das eigene Leben zum Wohl des Kindes und findet das auch noch normal und gut.

Zumindest die Eltern der Generation X, also der vor 1980 Geborenen, steht unter dem Stern der Überprotektion.

Die ersten Jahre nach der Geburt eines Kindes – machen wir uns nichts vor – hat man auch keine andere Wahl. Bis Kinder alleine laufen können, muss man sie eben tragen. Bis Kinder alleine essen können, müssen sie eben gefüttert werden. Bis sie das Kacken auf der Toilette gelernt haben, müssen sie eben gewickelt werden. All das fällt in die Kategorie pragmatisches Handeln.

Und im Gegensatz zu einem Hündchen, das zeitlebens nur dann sein Geschäft verrichten kann, wenn das Herrchen oder Frauchen es Gassi führt, werden Kinder jeden Tag ein bisschen selbstständiger. Zumindest wenn man sie lässt.

Tun Eltern ihren Kindern also einen Gefallen, wenn diese bis zu ihrem achtzehnten Lebensjahr nur Puderzucker im Popo kennen?

Wird von Müttern wirklich verlangt, dass sie ihr Leben komplett dem Kindeswohl widmen und ihre eigenen Bedürfnisse nicht nur hintanstellen, sondern achtzehn Jahre lang ignorieren?

Ist es nicht genau das, was Mütter in die Erschöpfung treibt und im Worst Case darin endet, dass sie sich wünschen, ihre Kinder nie bekommen zu haben?

Man muss kein Psychologe sein, um auch Eltern Egoismus zu attestieren.

Es ist anzunehmen, dass die Entscheidung, Kinder in die Welt zu setzen nicht uneigennützig ist. Die Entscheidung pro Familie ist nie frei von eigenen Themen und Defiziten, die wir hoffen durch Kinder ausgleichen zu können. Der Sinn des Lebens und so.

Helikopter-Eltern, die, wie der Name es beschreibt, in knapper Höhe immer um ihre Kinder herumkreisen, veranstalten den ganzen Zirkus nicht wirklich zum Wohl ihrer Kinder. Kein Kleinkind braucht zwanzig Gäste zum zweiten Geburtstag und ein Schulkind braucht auch kein Taxi für zweihundert Meter Fußmarsch.

Es sind Ängste und Ansprüche der Eltern, die dem Sprössling die Klobrille warm föhnen lassen, damit er sich auf dem Topf keine Erkältung holt. Das Wohl des Kindes und das Bestreben, sie zu selbstständigen und verantwortungsbewussten Menschen zu erziehen, spielen dabei keine Rolle.

Wird mir bezüglich meiner Kinderlosigkeit der Vorwurf des Egoismus entgegengebracht, ist es dann nicht der Absender selbst, der seine Defizite offenbart? Hat er vielleicht selbst schon viel zu lange seine eigenen Bedürfnisse ignoriert und versucht, ungesunden Ansprüchen gerecht zu werden? Oder mal hinterfragt, welche egoistische Motive möglicherweise hinter seiner scheinbar selbstlosen Rundum-Kinderbetreuung liegen?

Vor ein paar Wochen ein Besuch bei einer befreundeten Familie.

Die Tochter, auf die lange hingearbeitet wurde und deren Geburt die Erlösung von jahrelanger hormoneller Behandlung bedeutete, war inzwischen fünf Jahre alt. Kronprinzessin versteht sich, und gesegnet mit Talenten, die man bei keinem Kind der Welt jemals in dem Alter hätte finden können.

»Ist sie nicht wunderbar? Habt ihr gesehen, wie die Kleine die Perlen zu dieser beeindruckenden Halskette verarbeitet hat?«

Sie wird bestimmt mal Schmuckdesignerin.

»Und habt ihr sie schon Ballett tanzen sehen? Sieht sie in diesem Outfit nicht absolut bezaubernd aus?«

Sie geht bestimmt mal zu Heidi Klum und wird Topmodel. Oder zu Dieter Bohlen, falls sie auch noch ihr gottgegebenes Gesangstalent gefördert bekommt.

»Und schaut mal, wie gut sie schon schreiben kann. Auf Englisch!«

Okay, ich bin beeindruckt.

Mein Freund und ich bemühten uns um Anerkennung, doch die Ausdrucksweise in Superlativen kam uns schwer über die Lippen. Nicht nur, dass sich uns die herausragenden Eigenschaften dieses durchaus süßen Mädchens nicht recht erschließen wollten (mit Ausnahme der Sprachkenntnisse), sondern auch, weil ich mich fragte, ob es dem Kind wirklich guttat, ständig auf den Thron gehievt zu werden.

Man konnte den Eltern nicht vorwerfen, sie würden sich nicht gut um ihre Tochter kümmern. Sie waren beide berufstätig, bemühten sich aber mit allen Kräften darum, ihrem Kind ein sorgenfreies und wohlbehütetes Leben zu ermöglichen, das ihm später alle Türen öffnen sollte.

An Zuwendung, Aufmerksamkeit und Liebe mangelte es der Stammeshalterin nicht. Unsere Freunde helikopterten sich durch ihr Elterndasein. Das Kind war noch nie zu Fuß im Kindergarten, durfte noch nie unbeaufsichtigt auf den Spielplatz und verbrachte sein letztes Kindergartenjahr mit Fremdsprachen, Klavier und Ballett.

Andere Gesprächsthemen außer dem fantastischen Familienalltag und der beeindruckenden Entwicklung der

Tochter kamen an diesem Sonntagnachmittag nicht zur Sprache.

Mein Freund und ich erzählten wenig von uns, um nicht den Eindruck eines egoistischen Yuppie-Lebens zu hinterlassen, das uns selbst zwar nicht peinlich, aber dessen Darstellung es nicht wert war, andere womöglich in ihrer Lebensform anzugreifen. Abgesehen davon wollte ich auch keine Diskussion oder Rechtfertigung verschiedener Lebensstile provozieren.

Was verleitet Eltern dazu, ihre Kinder dermaßen zu betüddeln wie es Helikopter-Eltern heutzutage tun?

Eigene Eitelkeit und Hoffnungen, die auf Kinder projiziert werden, sind ja kein neues Symptom dieser bestimmten Elterngeneration. Auch früher haben Eltern sich erhofft, durch ihre Kinder eine Hebung ihres Status zu erfahren.

Frauen gebären heute viel später als noch vor ein paar Jahrzehnten. Sie sind schulisch gut ausgebildet, schlagen gegebenenfalls eine akademische Laufbahn ein und kommen zunächst ihrem Karrierewunsch nach, bevor sie sich mit etwa dreißig Jahren familiären Themen zuwenden. Kinderkriegen ist heute keine Selbstverständlichkeit im Leben einer Frau, erst recht keine Verpflichtung. Und so ist die Entscheidung, Mutter zu werden, eine bewusste, reiflich überlegte. Geplant und forciert wie die berufliche Karriere.

Hat sich ein Paar dann letztlich für Kinder entschieden und es klappt nicht sofort, entsteht Druck und bisweilen viel Leid. Hoffnungen drohen zu platzen und das bisher gelebte, vielleicht zu stark beruflich orientierte Leben wird rückwirkend in Frage gestellt.

Hätten wir bloß, sollten wir nur.

Nun gibt es heute Möglichkeiten, den natürlichen Vorgang des Schwangerwerdens medizinisch zu unterstützen. Noch mehr Investition in das Projekt, noch mehr Hoffnungen.

Gibt es nach langem Warten und Hoffen und Leiden ein Happy End, ist der Nachwuchs schon mit übergroßen Erwartungen beladen. Man will doch jetzt alles richtig machen!

Kehren die Mütter dann zurück in den Beruf und teilen ihre spärliche Zeit zwischen Familien- und Arbeitsleben auf, meistern sie einen Spagat, der, wie wir gesehen haben, selbst bei reduzierter Arbeitszeit nur schwer zu bewältigen ist. Nagt dann das schlechte Gewissen, so wird durch übertriebenes, aufopferndes Kümmern um das Kind kompensiert.

Auch ökonomisch steht die heutige Elterngeneration unter einer anderen Belastung. Die Schere zwischen Armut und Wohlstand geht immer drastischer, immer schneller auseinander. Die Mittelschicht strampelt sich ab, oben an der Wasseroberfläche. Und scheut nicht davor zurück, ihre Gegner unter Wasser zu drücken, um sich Vorteile zu verschaffen.

Zahlreiche Untersuchungen belegen, dass unser Schulsystem weit entfernt ist von jeglicher Chancengleichheit. Die schulischen Leistungen der Kinder hängen in hohem

Maße von ihrem sozialen Hintergrund und dem Bildungs-grad ihrer Eltern ab. Wer etwas erreichen will, muss besser sein als die anderen.

Doch diesem Anspruch gerecht zu werden, ist eine un-gleich kompliziertere Aufgabe als noch vor dreißig Jahren. In einer globalisierten Welt reicht der Vergleich mit der un-mittelbaren Nachbarschaft nicht aus, und der gefühlt dro-hende Absturz der Mittelschicht setzt meine Generation unter massiven Druck. Die Angst, ihre Kinder könnten nicht nur das Ziel verfehlen, sondern sogar um Nanometer schlechter sein als der Durchschnitt, treibt Eltern zu einem Leben als Helikopter-Piloten.

Ein schulischer Weg in der Realschule war früher voll-kommen in Ordnung, heute scheint es, als sei dies ein ab-solut zu vermeidendes Szenario. Eltern, deren Kind bei seiner Einschulung nicht schon das Alphabet kann und mindestens drei Sätze Englisch spricht, sollten sich früh-zeitig um ein Privatinternat kümmern, um es irgendwie durch die gymnasiale Laufbahn zu prügeln.

Unter dem Dach der Überprotektion verschleiern Eltern den Leistungsdruck, den sie an ihre Kinder weitergeben.

Doch sie tun ihnen damit keinen Gefallen. Kinder, denen jegliche Hürde aus dem Weg geräumt wird, lernen nicht, selbstständig Herausforderungen zu meistern und Konflikte zu lösen. Und entlässt man Kinder in andere Gemeinschaften – Kindergarten, Schule und später das Berufsleben – so werden sie sich wahrscheinlich schwertun, sich dort alleine zurecht-zufinden. Aggression und Frust sind vorprogrammiert.

Wenn doch Studien belegen, dass die überbehüteten Sprösslinge ängstlich, neurotisch und weniger offen sind als Kinder, die gelernt haben, selbstständig zu sein. Warum also tun Eltern sich und den Kindern das an?

Was treibt Eltern dazu, zur Pause in die Schule zu fahren, um ihrem Kind in der Mensa das Essen klein zu schneiden, oder einen Notarzt zu rufen, wenn die Tochter einen Eiswürfel verschluckt hat?

Würde es mir gelingen, mich dem Anspruch zu entsagen und meine Erziehungsmethoden von gesundem Menschenverstand und nicht von Hysterie leiten zu lassen?

Nun, wenn es um mich ginge – also wenn ich mich selbst erziehen müsste –, dann wäre meine Antwort eindeutig: Mir doch egal, ob Mini-Ich es aufs Gymnasium schafft. Wenn es trotz ihrer Bemühungen nicht gelingt, oder einfach nicht ihrem Lernverhalten entspricht, sei's drum. Sie wird auch mit Realschulabschluss einen Beruf finden, der ihr Freude bereitet. Und wenn sie leidenschaftlich bleibt und fleißig ist, wird sie auch erfolgreich sein und damit ihren Lebensunterhalt verdienen können.

Und sie ist auch nicht aus Zucker und schafft es durchaus, die fünfhundert Meter zur Schule zu laufen. Auch wenn vier Straßen zu überqueren sind und es regnet oder schneit.

Mich selbst »leiden« zu lassen, fällt mir offensichtlich nicht schwer. Auch habe ich keinen Anflug von schlechtem Gewissen mir selbst gegenüber.

Doch wie verhält es sich, wenn nicht ich selbst es bin, die durch den Regen stapfen muss?

Wenn ich einem Lebewesen, das ich liebe und das unter meiner Obhut steht, zumute, eine unangenehme Erfahrung machen zu müssen?

Vermutlich würde auch ich mir Gedanken machen, ob die Autofahrer so umsichtig sind, mein Kind im Straßenverkehr wahrzunehmen, oder ob die Klobrille vielleicht einen kalten Popo macht.

Auch ich hätte also den Impuls, mein Kind vor schmerzhaften Erfahrungen bewahren zu wollen. Einschließlich Liebeskummer, jeglicher Form von Stress, Situationen sozialer Ausgrenzung oder ähnlichem.

Dabei sind es doch die Herausforderungen, an denen man wächst!

Es sind die Schritte, die Überwindung gekostet haben, auf die wir besonders stolz sind. Und so sollte ich mir bewusst sein, dass das, was mich vom Helikoptern abhalten könnte, einzig und allein eine konsequente Auseinandersetzung mit mir selbst sein kann. Dass es auch schmerzhaft sein wird, Mutter zu sein.

Und dass die wohl größte Aufgabe sein wird, Ängste und Sorgen aushalten zu können.

Regretting Motherhood

»Man bekommt viel zurück«, konstatierte mein Kollege, selbst Vater dreier Kinder, beim gemeinsamen Mittagessen im Büro.

Er sah etwas übernächtigt aus, was wohl auf die Schlafgewohnheiten seines jüngsten, gerade mal zehn Wochen alten Sohnes zurückzuführen war. Die Beschreibung seines Wochenendes hörte sich an wie mein schlimmster Albtraum: »Lange« geschlafen bis um sechs Uhr morgens, Kindergeburtstag im Schwimmbad, Fahrradfahren üben mit dem Großen, Grillen mit Schwager, Schwägerin und insgesamt fünf Kindern, abends um zweiundzwanzig Uhr eingeschlafen vor Erschöpfung.

»Ich kann es nur empfehlen!«, sagte er.

»Was genau?«, fragte ich.

»Kinder zu kriegen.«

»Aha.«

Sagte er das jetzt, weil er sich meinen Wochenendbericht lieber nicht anhören wollte? Wie schön die Cabrio-Tour war? Dass eine neue Bar aufgemacht hatte, die man unbedingt mal ausprobieren sollte?

»Man hat keine Vorstellung davon, was man zurückbekommt, bevor man eigene Kinder hat«, ergänzte er. »Es ist schlimmer, als du es dir vorstellen kannst. Und es ist schöner, als du dir vorstellen kannst.«

Hm.

Vielleicht meinte er es ja ernst. Oder er wollte mich reinlegen, um mich auch in die Spielplatz-Kindergeburtstag-Nummer reinzuziehen. Getreu dem Motto: Geteiltes Leid ist halbes Leid.

»Weißt du,« sagte ich. »Ich weiß nicht, ob ich Kinder möchte.«

»Wieso?«, fragte er. »Gehört doch dazu!«

Da war es wieder, das Totschlagargument.

»Na, ich kann das Muttersein schließlich nicht testen. Es ist nicht wie beim Schuhkauf im Internet. Rückgabe innerhalb von vierzehn Tagen ohne Angabe von Gründen«, konterte ich.

»Ja, klar, das ist halt so. Kinder kannst du nicht wieder abgeben. Außer mal für ein Wochenende.« Er lachte. Wahrscheinlich wollte er auch lieber Cabrio fahren. »Und du hast wirklich Angst, dass du dein Kind nicht behalten wollen würdest?«

Seinen leicht vorwurfsvollen Ton versuchte ich zu überhören.

»Ja«, antwortete ich und fragte mich, ob ich das wirklich ernst meinte.

Könnte ich es im Nachhinein tatsächlich bereuen, ein Kind auf die Welt gebracht zu haben?

Das Muttersein bereuen heißt ins Englische übersetzt *regretting motherhood*.

Die Diskussion um diesen Tabubruch, die unter dem gleichnamigen Hashtag vor wenigen Jahren im Netz hohe Wellen schlug, initiierte eine israelische Soziologin. Die Forscherin Orna Donath befragte in einer Studie Mütter verschiedener Altersklassen, die alle eine Gemeinsamkeit hatten: Keine von ihnen empfand ihre Mutterschaft als Glück. Alle sagten, dass sie, wenn sie könnten, die Zeit zurückdrehen und keine Kinder bekommen würden.

Liest man die Überschrift der 2015 veröffentlichen Studie, kann einem schon ein Schauer über den Rücken laufen. *Regretting Motherhood*. Man stelle sich vor, die eigene Mutter hätte einen lieber nicht auf die Welt gebracht. Das tut weh, schrecklich weh. Aber wie geht es den Frauen, die etwas derart Verbotenes fühlen?

Es war selbst mir, bevor ich davon in der Zeitung las, noch nie in den Sinn gekommen, dass Mütter solch heftige Gefühle haben könnten. In meinem naiven Denken war ich davon ausgegangen, dass Hormone schon ihren Beitrag leisten würden. Ich hatte angenommen, dass man das Baby, das man immerhin aus eigenen Genen hergestellt hat, schon allein deswegen lieben muss, weil ja sonst vierzig Wochen Schwangerschaft und Schmerzen der Geburt umsonst gewesen wären.

Je mehr Energie wir in etwas hineinstecken, desto größer ist schließlich unsere Bindung beziehungsweise desto geringer unsere Bereitschaft, es wieder gehen zu lassen.

Ein Phänomen, das uns in vielen Lebensbereichen begegnet, auch in ganz profanen. Mir geht es zum Beispiel so mit meiner Schlafzimmerkommode.

Auch wenn sie mir schon seit Jahren nicht mehr gefällt, kann ich mich nicht von ihr trennen. Schließlich habe ich das ursprünglich in Buche Natur erworbene Billigmöbelstück höchstpersönlich abgeschliffen, weiß lackiert und liebevoll mit besonderen Möbelknöpfen versehen. So viel Arbeit war das!

Jedes andere Möbelstück würde ich schneller entsorgen als meine selbstgemachte Shabby-Chic-Kommode. Meine Bindung zu dem Ding ist gigantisch! Und so, dachte ich, verhält es sich auch mit Schwangerschaft, Geburt und Baby-Liebe.

Natürlich hatte ich vor *#regrettingmotherhood* schon von den Depressionen gehört, die man als Mutter nach der Geburt eines Kindes bekommen kann.

Jede Wöchnerin erlebt die ersten Tage nach der Geburt eine hormonelle Achterbahnfahrt, die am höchsten Punkt mit purem Glücksgefühl, am tiefsten mit schwerer Traurigkeit einhergeht.

Doch im Regelfall endet das Gefühlschaos nach dem Wochenbett von alleine und auch die wie aus dem Nichts auftretenden Tränen verebben irgendwann.

Bei manchen jedoch bleibt die Schwere. Die Freude und die erwartete Liebe hingegen bleiben aus. Dann spricht man von postnatalen Depressionen.

In mehr oder weniger ausgeprägter Form habe ich das Phänomen in meinem Bekanntenkreis auch schon erlebt. Eine junge Mutter war nach einer traumatisch erlebten Geburt so erschöpft, dass sie am liebsten alle Anwesenden inklusive ihrem Neugeborenen aus dem Kreißsaal geworfen hätte, nur um etwas Ruhe zu finden. Sie hätte sich am liebsten die darauffolgenden Tage einfach alleine ins Bett verkrochen, um das Erlebte zu verarbeiten und körperlich zu regenerieren. Doch das ging nicht. Nicht an diesem Tag und auch an keinem der folgenden. Auch wenn die körperlichen Wunden irgendwann verheilten, so blieb bei ihr das emotionale Defizit über Monate und wurde mit jedem Tag größer und schwerer.

Eine andere Bekannte wartete fieberhaft auf die Niederkunft, um das kleine Baby endlich im Arm halten zu können, doch das Glücksgefühl stellte sich einfach nicht ein. Sie blickte auf ein fremdes Wesen hinunter und war bei dem Gedanken, es von nun an rund um die Uhr versorgen zu müssen, schlichtweg überfordert. Es brauchte über ein Jahr, bis sie eine Bindung zu ihrem eigenen Kind aufbauen konnte und so etwas wie Liebe empfand.

Gott sei Dank ist es Betroffenen heutzutage gestattet, über ihr Leid zu sprechen und sich Hilfe zu holen.

Im Jahr 2005, als der Begriff »postnatale Depression« so unbekannt war wie Chia-Samen und Goji-Beeren in unseren Breitengraden, wagte eine amerikanische Schauspielerin den Schritt in die Öffentlichkeit und schlug damit hohe Wellen. Brooke Shields veröffentlichte ein Buch mit dem Titel *Ich würde dich so gerne lieben: Über die große Traurigkeit nach der Geburt.* Die Erfahrungsgeschichte, in der sie mit brutaler Ehrlichkeit von ihrem Leidensweg erzählt, brachte ein bis dato tabuisiertes Thema in aller Munde: Das eigene Kind als fremdes Wesen wahrzunehmen, es nicht lieben zu können und sich deswegen selbst zu hassen, ist harter Tobak. Zu lesen, wie eine Mutter an ihren eigenen Erwartungen verzweifelt und zerbricht, macht tief betroffen.

Doch eine Wochenbettdepression, die ein paar Wochen, Monate oder wie im Fall von Brooke Shields sogar mehrere Jahre dauert, ist heutzutage tolerierbar. Das Gefühl, das Mütter haben, die die Geburt ihrer Kinder ihr Leben lang bereuen, nicht.

Man könnte meinen, dass Frauen, die ihr Mutterdasein nicht als Glück empfinden, ihre Kinder nicht lieben. Doch Orna Donath konnte in ihren Gesprächen mit den betroffenen Müttern herausarbeiten, dass sich die Ablehnung und das Bereuen in erster Linie gegen das Muttersein richtet, nicht aber gegen die Kinder. Sie empfinden Liebe für sie, können sich aber mit ihrer eigenen Rolle nicht abfinden.

Ich könnte mir vorstellen, dass betroffene Mütter ihre Kinder sogar sehr lieben, gleichzeitig aber das Einbußen ihrer Autonomie als enormen, irreversiblen Verlust erleben, als Identitätsverlust.

Vielleicht haben sie sich zu sehr bemüht, allen Erwartungen gerecht zu werden, haben zu wenig auf die eigenen Bedürfnisse gehört und dabei immer wieder ihre Grenzen überschritten. Bis am Ende die Verzweiflung so groß ist, dass sie sich wünschen, das Kind, das sie so aus dem Gleichgewicht gebracht hat, nie bekommen zu haben.

Ich habe Verständnis. Und ich habe Angst, dass es mir ebenso ergehen könnte.

Die Vorstellung, mich mein Leben lang bedürftig zu fühlen, bereitet mir Sorgen.

Eigentlich habe ich im Laufe meines Erwachsenwerdens gelernt, auf meine Bedürfnisse zu hören und ihre Erfüllung höher zu priorisieren als die Erwartungen um mich herum. Aber es war ein holpriger Prozess. Ich musste das Nein-Sagen erst mühsam lernen.

Nun habe ich Angst, das Gelernte könnte mir als Mutter wieder abhandenkommen. Denn Hand aufs Herz: Kindererziehung ist zeitintensiv und erfordert zumindest in den ersten Lebensjahren des Sprösslings eine gewisse Aufopferung. Und da geht es nicht um den Verzicht auf Vergnügungen, sondern um den Verzicht auf Grund-bedürfnisse wie genügend Schlaf. Es wird Momente im Leben meines Kindes geben, die mich zumindest zeit-weise ins Ungleichgewicht bringen und bisweilen an meine Grenzen.

In diesen Phasen ist wahrscheinlich pragmatisches Den-ken ratsam. Nicht nachdenken, machen.

Doch an welchem Punkt beginnt der Verlust der eigenen Identität?

Glaubt man den journalistisch anspruchsvollen Maga-zinen, die meine Mutter auf meinem Kopfkissen platziert, so haben wir heutzutage sehr hohe Erwartungen an die Entfaltung unserer Persönlichkeit. Achtsam wollen wir sein, friedvoll und ausgeglichen. Neid und übertriebene Leistungsambitionen sind ebenso verpönt wie die Miss-achtung der Work-Life-Balance. Wir wollen keine Soldaten sein, keine Arbeitsbienen, sondern streben nach Persönlich-keitsentwicklung und innerer Zufriedenheit.

Doch die Yoga-Mantren, die uns einst in unsere Mitte ziehen sollten, verdammen uns nun, in ihnen zu verharren. Wir sind gnadenlos auf Achtsamkeit und innere Mitte gepolt. Wehe, du lebst kein erfülltes Leben, in dem sich deine Persönlichkeit entfaltet wie ein Schmetterling, dann machst du verdammt noch mal etwas falsch, du dumme kleine Raupe!

Vermutlich haben wir durch unser permanentes Streben nach Selbstoptimierung die Grenzen unserer Autonomie und Identität zu eng definiert. Unser gemeinschaftliches Streben gilt nur noch dem Ziel des erlösten, erfüllten, gut ausbalancierten Ich. Wenn man sich diesem Streben – aus welchen Gründen auch immer – nicht anschließt, droht die Konsequenz, sich ausgeschlossen zu fühlen.

Vielleicht wäre es den ihre Mutterschaft bereuenden Frauen in einem Mikrokosmos ohne Erwartungen von außen auch möglich, als Raupe Zufriedenheit zu finden. Vielleicht ist es der permanente Abgleich mit der Idealvorstellung unserer Zeit, dem scheinbar schönsten Schmetterling auf dem Weg zur Perfektion, der so wehtut.

Sieben Tage nach dem Gespräch mit meinem Kollegen saßen wir in größerer Runde wieder beim Mittagessen. Der Dreifachpapa erzählte diesmal von seinem kinderfreien Wochenende, die Sprösslinge waren bei Oma und Opa gewesen. Er war tatsächlich in der neuen Bar gewesen, von der ich ihm erzählt hatte, und hatte die Zweisamkeit mit seiner Frau offensichtlich genossen.

»Und doch hat was gefehlt«, sagte er. »Selbst wenn es ein Rückgaberecht gäbe: Niemals würde ich meine Kinder wieder hergeben wollen. Und ich freue mich jetzt schon auf das nächste Wochenende mit ihnen.«

Ich freute mich, das zu hören. Es klang ehrlich, aufrichtig.

Und ganz nebenbei: die neue Bar in der Innenstadt – so toll war die beim zweiten Besuch nun auch wieder nicht.

Familienmodelle und die Frage nach dem Geld

Es gibt diesen Tag X – im Mutterpass feierlich dokumentiert –, der alles, von dem Frauen pränatal noch überzeugt waren und was sie niemals machen wollten, in die Tonne befördert.

Den Hormonen geschuldet, der intensiven Liebe geschuldet und der vielen Zeit, die das Großziehen von Kindern in Anspruch nimmt, verändert sich eine Frau durch ihre Mutterrolle. Der dann oft fallende Satz »Werde du erst mal Mutter!« katapultiert jede kinderlose Frau in die andere Ecke des Boxrings, Interesse und Anteilnahme hin oder her.

Ich verstehe, dass das Muttersein einen verändert. Ich verstehe, dass man sich darauf einlassen und die Veränderung akzeptieren muss. Ich verstehe auch, dass es bisweilen gut ist, wenn etwas nicht so bleibt, wie es ist, und dass ein Perspektivwechsel noch niemandem geschadet hat. Aber liegt der Preis für das Muttersein wirklich darin, dass ich mich von meinem alten Ich komplett verabschieden muss?

Wieso kommt es mir vor, als sei es nicht einfach ein neuer Baustein in der eigenen Persönlichkeit, sondern ein Abschied von ihr, der Sprung in ein neues Dasein? Noch dazu in eine Existenz, die mir aus meiner heutigen Sicht vollkommen unattraktiv scheint.

Es gibt nur wenige Frauen in meinem Umfeld, bei denen ich diese plötzliche Metamorphose mitgehen kann.

Vermutlich fehlt mir ein authentisches Sprechen darüber, eine glaubhafte und selbstkritische Erklärung, was es mit ihnen macht, Mutter zu sein, sozusagen aus der Perspektive ihres vormütterlichen Ichs. In einer Sprache und einer Sichtweise, die ich annehmen und nachvollziehen kann.

Stattdessen scheinen sie ihr altes Leben abzuschneiden und bloß nicht daran erinnert werden zu wollen, wer sie einmal waren, welche Überzeugungen sie vertraten und wie sie lebten. Als ob jeder Gedanke an pränatale Zeiten schmerzhafte Erinnerungen zutage befördern würde.

Ich habe nur eine einzige Freundin, die zu den wenigen Frauen in meinem Bekanntenkreis gehört, die ihre Wandlung zur Mutter sehr bewusst vollzogen und sich kritisch mit sich selbst auseinandergesetzt haben.

Sie ist eine Mutter, die am Tag der Geburt ihrer Tochter keinen Gedächtnisverlust erlitten hat, sondern sich sehr wohl an ihre vormütterliche Existenz, an ihre Gefühle und Überzeugungen erinnern kann. Auch hat sie ihre alte Sprache nicht verlernt, und ich verstehe ihre Worte. Sie ist für mich eine geschätzte Ratgeberin, in jeder Lebenslage, aber besonders in meiner Kinder-Frage.

Als sie vor ein paar Wochen abgestillt hatte und sich wieder länger als drei Stunden von ihrer Tochter entfernen konnte, hat sie ihre Tochter in die Obhut ihres Mannes gegeben und sich für ein Wochenende aus dem Familienleben verabschiedet, um mit mir zwei Tage in Frankfurt zu verbringen.

Ich war überrascht, als sie nicht um zweiundzwanzig Uhr am Tisch einschlief, sondern stattdessen die zweite Flasche Wein aus dem Kühlschrank zog. Eine Vertreterin der Freundschaft Typ eins: wenig gemeinsamer Alltag, viel Vertrautheit, zu selten, dafür intensiv.

Nach der obligatorischen Zusammenfassung der Ereignisse der letzten Wochen und Monate kamen wir schnell zu dem Punkt, der uns heute unterscheidet: ihr Leben als Mutter und meine Unsicherheit hinsichtlich dieser Entscheidung.

Dank ihres Talents als Hobbypsychologin kam sie zu folgender Diagnose meiner akuten Symptome: Ich hätte furchtbare Angst davor, dass mir ein Kind etwas nähme. Ich sähe nur die Aspekte im Muttersein, die mein Leben beschnitten und würde das Bereichernde nicht sehen. Ich hätte mehr Angst vor dem Verlust meines Selbst als vor der praktischen Herausforderung, ein Kind in meinen Alltag zu integrieren.

Autsch. Das saß.

Aber sie hatte nun mal recht.

Warum habe ich das Gefühl, mein Leben, so wie ich es führe und mag, wäre mit einem Kind von einem Schlag auf den anderen vorbei? Als ob alle Eltern in meinem Umfeld nur wie Halbtote umherwandeln! Gibt es vielleicht doch ein Modell, das es mir ermöglichen würde, mein bisheriges Leben nicht ganz aufgeben zu müssen?

Von den rund zwanzig Jungfamilien in meinem sozialen Umfeld kenne ich vier verschiedene Lebensmodelle.

Modell eins ist die klassische Variante und trifft überwiegend auf meine männlichen Kollegen zu: mindestens zwei Kinder, Frau zu Hause.

Von außen betrachtet scheint das traditionelle Rollenmodell eine gute Lösung zu sein, denn die Familien machen auf mich einen intakten Eindruck. Die Verantwortung für die Kindererziehung und die finanzielle Versorgung wird nicht *ge*teilt, sondern *ver*teilt. Und jeder der Eltern trägt damit wohl sein eigenes Päckchen. Scheint zu funktionieren. Ist für mich aber aus vielen Gründen keine Option.

Weiter mit Modell zwei: beide Eltern berufstätig, mindestens einer von beiden (meist die Mutter) in Teilzeit. Kinder in Betreuungseinrichtungen. Wenig Unterstützung, außer von den Großeltern, die ab und zu unter die Arme greifen. Alle sind gestresst.

In meinem Fall das wahrscheinlichste Lebensmodell, aber unattraktiv.

Modell drei: die Großfamilie. Großeltern in unmittelbarer Nähe, mit großem Anteil an der Erziehung der Kinder. Jungeltern berufstätig, Kinderbetreuung an

Familienangehörige übertragen. Win-win-Situation für alle Beteiligten, wenn auch nicht konfliktfrei.

Für mich nicht realisierbar, weil meine Eltern zu weit weg leben und zu freiheitsliebend sind, als dass sie sich dauerhaft und regelmäßig in meinen Alltag einspannen lassen würden.

Modell vier hingegen ist ein Lichtblick, allerdings auch nur einmal in meinem Freundeskreis zu finden: Großstädter, die auch mit drei Kindern keine Flucht aufs Land vollzogen haben, beide berufstätig und in keiner Weise auf ihr Leben als Eltern reduziert. Die beiden scheinen ihre Kinder mühelos in ihr altes Leben integriert zu haben und machen nicht den Eindruck, als hätten sie von ihrer Freiheit etwas eingebüßt.

Doch eine wesentliche Sache unterscheidet dieses Paar von den anderen: Sie haben Geld. Viel Geld. Ihr teilweise geerbtes, teilweise erarbeitetes Vermögen ermöglicht ihnen Annehmlichkeiten, die meinen übrigen Freunden verwehrt bleiben.

Ein Au-pair-Mädchen, das in der überdimensionalen Zweihundertfünfzig-Quadratmeter-Großstadt-Wohnung Platz findet, ohne das Familienleben zu stören (mit eigenem Bad versteht sich). Zusätzlich eine Babysitterin, die auf Bedarf die ganze Nacht auf die Kleinen aufpasst, während Mama und Papa sich auf Partys vergnügen. Eine Haushälterin, die dreimal die Woche sauber macht und einkaufen geht, was den Großteil möglicher Spannungen zwischen den Eheleuten auf ein Minimum reduziert.

Die Anreisezeit in die Innenstadt beträgt mit dem Auto fünf Minuten. Bei Bedarf an frischer Luft fünfzehn Minuten zu Fuß.

Das nenne ich Outsourcing von allem, was das Elternsein zu einer Herausforderung macht! Es bleibt die Reduktion auf das Schöne, was das Familienleben mit sich bringt. Die beiden wirken wirklich glücklich. Ihre Kinder auch.

Das Lebensmodell gefällt mir, weil es zeigt, dass es sehr wohl Wege und Möglichkeiten gibt, die Veränderungen des Tag X mit dem vorelterlichen Dasein in Einklang zu bringen. Weniger schön daran ist, dass es dafür den entscheidenden Faktor Geld braucht.

Ich bin weder selbst reich noch mit einem reichen Erben zusammen. Mein Freund und ich verdienen gutes Geld, das aber leider ebenso schnell ins teure Großstadtleben fließt, wie es auf dem Konto eingeht. Ein solches Lebensmodell können wir uns schlichtweg nicht leisten.

Ich besprach das Ganze mit meiner Ratgeber-Freundin an unserem Abend in Frankfurt. Bekam ich nun keine Kinder, nur weil das Geld für Modell vier nicht reichte? Wie traurig! Ich war beschämt von diesem Gedanken.

Meine Freundin rückte das Ganze in ein realistischeres Licht: Es seien nicht die fehlenden finanziellen Möglichkeiten, die mir Sorge machten, sondern die fehlende Aussicht auf Unterstützung, insbesondere durch die Familie.

Ganz pragmatisch: Kinder brauchen Zeit, Aufmerksamkeit, Präsenz. Das ist richtig und wichtig und nicht wegzudiskutieren. Doch unsere familiären Strukturen sind heute anders als früher. Paare, deren Eltern nicht in greifbarer Nähe sind und bei der Erziehung der Enkel unter die Arme greifen können, müssen im Alltag organisatorisch viel bewältigen.

Das Konstrukt Familie ist zumindest in unserem Großstadtleben enger gefasst, als es früher war. Es konzentriert sich auf Mutter, Vater, Kind. Generationenhaushalte, in denen Großeltern, Eltern und Kinder unter einem Dach leben und sich gegenseitig unterstützen, sind ein selten gewordenes Lebensmodell.

Mein Partner und ich leben hunderte Kilometer von unseren Eltern entfernt. Selbst wenn die emotionale Nähe es durchaus zulassen würde, die Verantwortung für die Erziehung unserer Kinder mit ihnen zu teilen, wäre es logistisch nicht möglich. Könnten wir es uns leisten, zumindest gelegentlich Hilfe als Dienstleistung einzukaufen, könnten wir uns dadurch deutlich entlasten.

Wir müssen uns der Tatsache stellen, dass wir zugunsten unserer Berufe soziale Strukturen vernachlässigt oder aufgegeben haben, die sich nur mit bezahlten Dienstleistungen kompensieren lassen.

Es ist paradox: Wir können es uns nicht leisten, unsere Kinder selbst zu betreuen oder lassen berufliche Chancen verstreichen, um in der Nähe unserer Familien zu bleiben. Doch im Umkehrschluss arbeiten wir mehr, als es sich mit unserem Familienleben vereinbaren lässt – nur um dann Betreuung und Unterstützung Fremder einkaufen zu können.

Damals und heute

Meine Mutter ist eine Über-Mutter. Sie ist die fantastischste, aufopferndste, perfekteste Mutter, die man sich vorstellen kann.

Als ich geboren wurde, gab sie ihren Beruf auf und blieb zu Hause, um sich um mich und meinen Bruder zu kümmern. Erst als ich sechzehn Jahre alt war, nahm sie eine Halbtagsstelle an und schaffte es trotzdem noch, uns Mittagessen vorzukochen, uns zum Sportunterricht zu fahren oder einfach nur Zeit mit uns zu verbringen.

Als Belohnung bekommt sie heute im Alter eine Rente, von der sie alleine nicht leben könnte.

Meine Mutter hat seit ihrem siebzehnten Lebensjahr gearbeitet und ist mit großer Freude ihrem Beruf nachgegangen. Als sie schwanger wurde, war sie Sekretärin eines Vorstands. Sie hat immer gerne gearbeitet. Noch heute, fünfunddreißig Jahre später, hat sie guten Kontakt zu ehemaligen Kollegen und Chefs, die ihr immer noch viel Anerkennung entgegenbringen. Sie organisiert Ehemaligentreffen und schreibt jedes Jahr Weihnachtskarten an ihren Ex-Chef.

Warum gab sie mit der Geburt von uns Kindern ihren Beruf auf, aus dem sie so viel Bestätigung und Selbstbewusstsein gezogen hatte?

Nun, sie wollte Kinder. Und sie hatte keine andere Wahl.

Mein Vater, als Kind zweier berufstätiger Eltern kurz nach dem Zweiten Weltkrieg geboren, war ein sogenanntes Schlüsselkind. Meine Großeltern waren sehr stolz auf ihren selbstständigen Jungen, der sich sein Mittagessen selbst kochte und abends allein zu Bett ging.

Dass mein Vater als Kind darunter litt und Angst hatte, wenn er allein zu Hause war, interessierte meine Großeltern nicht.

Und selbst wenn? Sie hätten es nicht ändern können.

In den Fünfzigern und Sechzigern hatte man in Deutschland weiß Gott andere Sorgen und Aufgaben. Kinder mussten mitlaufen, man konnte ihnen nicht die Aufmerksamkeit schenken, wie es Eltern heutzutage tun. Und man machte sich auch keine Gedanken darüber, ob man auf Kinder besser verzichten sollte, weil aus ihnen vernachlässigte Geschöpfe von Rabeneltern werden könnten. (Zugegeben: die Antibabypille gab es damals noch nicht.)

In den Siebzigern und Achtzigern hat sich dann vieles verändert. Als ich geboren wurde, war die Welt eine andere. Die Trümmer des Krieges waren längst entsorgt. Das Wirtschaftswunder hatte die Basis für Wohlstand geschaffen und machte die Nachkriegsgeborenen der Geburtsjahre zwischen 1945 und 1955 zu einer beneidenswerten Generation.

Die heute Fünfundsechzig- bis Fünfundsiebzigjährigen, also die Generation meiner Eltern, können – trotz aller Höhen und Tiefen, die ihr Leben geprägt haben – auf ein durch Aufschwung geprägtes Leben zurückblicken. Nach 1945 geboren, blieb ihnen die Qual des Krieges erspart. Sicherlich prägte sie der Anblick der zerstörten Städte, teilweise wurde noch gehungert. Und natürlich spürten sie das

Leid, das Eltern als Flüchtlinge oder Kriegsopfer erfahren hatten, oder die Schuld, wenn ihre Familie sich an den nationalsozialistischen Verbrechen beteiligt hatte. Auch wenn darüber oft geschwiegen wurde.

Dennoch, die Generation meiner Eltern wurde hineingeboren in ein Land und eine Gesellschaft, die geprägt war von zunehmendem Wohlstand. Ein Hauptschulabschluss reichte, um einen perspektivenreichen Beruf zu erlernen. Und diesen auch bis zur Rente zu behalten.

Ich möchte damit nicht sagen, dass die Vertreter dieser Generation nicht hart gearbeitet hätten. Im Gegenteil. Ihr Fleiß und ihre Willenskraft haben sie genau dort hingebracht, wo sie heute sind. Sie wollten anders sein als ihre kriegsgeprägten Eltern und Großeltern. Die Nachkriegsgeborenen waren es, die das Wirtschaftswunder möglich gemacht haben. Sie waren es, die unser Arbeitsleben und unseren Ruf in der Welt bis heute prägen und haben für den Wohlstand, in dem sie heute leben dürfen, viel geleistet.

Zudem glaube ich, dass meine Eltern etwas hatten – und immer noch haben –, was meiner Generation verloren gegangen ist. Etwas, um das wir sie beneiden können: Sie hatten und haben Vertrauen in die Zukunft.

Für sie ging es im Leben immer nur aufwärts. Sie konnten die meiste Zeit ihres Lebens damit rechnen, dass es ihnen morgen besser gehen würde als heute. In den Fünfzigern gab es nicht viel zu verlieren, es konnte nur besser werden. Wer bereit war, etwas zu leisten, bekam unmittelbar die Möglichkeiten dazu – und der Erfolg ließ meistens nicht lange auf sich warten.

Auch die Ölkrise der Siebziger konnte ihr Vertrauen in die Zukunft nicht nachhaltig beschädigen. Haus kaufen, Schulden machen – das war für die damals Zwanzig- und Dreißigjährigen nicht minder aufregend als für uns heute, aber sie hatten Vertrauen darin, auch in zehn oder zwanzig Jahren noch in der Lage zu sein, die Raten zu bezahlen. Die Rente war damals noch sicher.

Hinzu kommt, dass meine Eltern – und vermutlich auch andere Vertreter ihrer Generation – etwas haben, was man heute in der Retrospektive allzu gerne übersieht: Sie waren bereit, zu verzichten.

Sie kamen mit vergleichsweise wenig aus. Sie gingen nicht jede Woche auswärts essen, fuhren nicht jedes Jahr zweimal in den Urlaub oder machten große Geschenke. Sie konnten sparen, sie konnten warten, sie konnten verzichten. Bekannte und Freunde um sie herum lebten nicht anders. Niemand musste sich damals Gedanken machen, ob man sein Kind psychisch schädigt, wenn man ihm zum achten Geburtstag kein iPhone schenkt. Und niemand schämte sich, Freunden zum Essen kein veganes Fünf-Gänge-Menü, sondern Wiener Würstchen und Kartoffelsalat zu servieren.

Schon bevor meine Mutter schwanger war, stand für meine Eltern fest, dass einer von beiden zum Wohle des Kindes zu Hause bleiben würde. Ob sie einen Moment darüber nachdachten, dass mein Vater sich um mich kümmerte und meine Mutter weiterhin arbeiten ging?

Vermutlich nicht.

Kindererziehung und Haushalt lagen in der Verantwortung der Frau. Auch wenn mein Vater sich ungewöhnlich stark engagierte, den Wochenendeinkauf erledigte, gelegentlich kochte und versuchte, viel Zeit mit uns Kindern zu verbringen, lag die Hauptarbeit bei meiner Mutter. Dass sie sehr traurig darüber war, nicht mehr arbeiten zu gehen, und noch Jahre später weinte, wenn sie mit dem Auto an ihrer alten Arbeitsstätte vorbeifuhr, erzählte sie mir erst, als ich erwachsen war.

Berufstätige Mütter habe ich als Kind nur sehr wenige gekannt.

Wenn Mütter damals arbeiteten, dann im Familienbetrieb oder aus finanzieller Not heraus. Und nur mit Oma und Opa in der Nähe, denn Kindertagesstätten für unter Dreijährige gab es damals, zumindest in unserer Gegend, nicht. Es gab kaum Mütter, die aus Karrieremotiven gearbeitet haben, außer vielleicht einer Politikerin aus dem Landkreis und ein paar Lehrerinnen. Oder sie gaben es nur nicht zu, um nicht als Rabenmütter zu gelten.

Meine Mutter war für meinen Bruder und mich da. Immer. Vor der Schule, nach der Schule. Sie fuhr uns zum Sport und zum Musikunterricht, kochte Mittagessen, bastelte mit uns und hörte Vokabeln ab. Nebenbei erledigte sie den Haushalt, pflegte die sozialen Kontakte der Familie und hielt meinem Vater den Rücken frei.

Heute, als erwachsene Frau, beneide ich sie um die schier unerschöpfliche Energie, mit der sie sich um uns gekümmert hat.

Doch als Familienmanagerin war meine Mutter nicht ausgelastet, zumal die Ankerkennung, die man von kleinen Kindern für die eigene Leistung bekommt, zwar herzerwärmend, aber nicht vergleichbar ist mit der, die man aus dem Berufsleben kennt. Es mussten also weitere Aufgaben mit Verantwortung her, um sich auch außerhalb unserer kleinen Familie zu beweisen. Und so war meine Mutter im ganzen Landkreis bekannt und geschätzt durch ihr ehrenamtliches Engagement.

Gemeinden lebten damals von unterforderten Hausfrauen, die den Verlust ihrer Arbeit mit Ehrenämtern kompensierten. Elternbeirat, Förderkreis, Spendenaktion, Maifest – es gab immer was zu tun. Und meine Mutter steckte all ihren Fleiß und Ehrgeiz hinein, wie zu ihren besten Zeiten als Vorstandssekretärin.

Im Nachhinein betrachtet, hätte sie die Zeit, die sie in ihre Ehrenämter investiert hat, auch in einer bezahlten Tätigkeit einsetzen können. Für ihre spärliche Rente wäre das sicherlich die bessere Wahl gewesen. Aber diese Möglichkeit gab es nicht. Anspruchsvolle Aufgaben in Teilzeit gab es damals noch weniger als heute. Dann doch lieber gefordert und glücklich im Ehrenamt als frustriert im Teilzeitjob.

Die Leistung meiner Mutter ist uneingeschränkt anerkennenswert. Ich bin ihr unendlich dankbar für das, was sie uns gegeben hat. Doch dieses Gefühl der Wertschätzung macht mir meine Entscheidung in puncto Kinder nicht leichter.

Bin ich bereit, meinen Beruf aufzugeben, mich nur auf meine Familie zu konzentrieren und meinem Mann den Rücken freizuhalten? Nein, bin ich nicht. Ich habe ein schlechtes Gewissen, weil ich nicht bereit bin, das gleiche Opfer zu bringen wie meine Mutter.

Doch ist der Vergleich überhaupt zulässig? In einer Zeit mit einer Scheidungsrate von etwa vierzig Prozent, in einer Zeit, in der die Rente nicht mehr sicher ist und wir einer überalternden Gesellschaft entgegensehen, können sich weder Mann noch Frau das Lebensmodell von damals leisten. Frauen müssen heute arbeiten, sie können nicht zwanzig Jahre zu Hause bleiben.

Und Ehepartner planen ihr Leben ohnehin nicht mehr nur auf eine gemeinsame Rente, denn die Gefahr einer Trennung ist viel zu groß.

Wir wollen heutzutage die Möglichkeit behalten, getrennte Wege gehen zu können, wenn wir es möchten. Wir wollen mit der Entscheidung, Kinder in die Welt zu setzen, nicht unser Leben besiegeln und uns auf Gedeih und Verderb einem Partner zuschreiben, der möglicherweise in zwanzig Jahren gar nicht mehr zu uns passt.

Wir leben heute anders. Und wir sind nicht mehr bereit, zu verzichten.

Ich bin in ein Leben hineingeboren worden, das einem Bilderbuchleben glich. Die gute deutsche Mittelschicht. Wir lebten in einem netten Doppelhaus in einem Vorort bei München. Zum Geburtstag gingen wir in der Familie essen, zu Weihnachten gab es Geschenke, wir fuhren mindestens einmal im Jahr in den Urlaub. Ich hatte als Kind nie das Gefühl, dass mir irgendetwas fehlte, auch wenn ich nicht alles bekam. Wenn ich mir etwas wünschte, musste ich geduldig warten, ob das Christkind meine Wünsche erhörte. Oder ich musste eben mein Taschengeld sparen.

Ich kann mich erinnern, dass meine Eltern es nicht gerne sahen, als wir Kinder in den Neunzigern anfingen, uns für Markenklamotten zu interessieren. Aber wenn ich meinte, die Levi's-Jeans für über hundert D-Mark haben zu müssen, dann ging ich dafür arbeiten. Ich räumte im Supermarkt Regale ein, trug Zeitungen aus und jobbte als Babysitterin.

Auch wenn es damals viele Diskussionen darüber gab, ob Kinder ohne Logo auf dem Kapuzenpulli nun aus der Gemeinschaft ausgeschlossen werden würden oder nicht, habe ich die Problematik als Kind selbst nie so empfunden. Ich kann mich nicht erinnern, meine Freunde danach ausgewählt zu haben, welche Klamotten sie trugen oder ausgestoßen worden zu sein, weil ich keine Doc Martens trug.

Sicherlich lag das auch daran, dass der Schulhof der einzige Raum für Vergleichbarkeit war. Man kannte ja auch nur die Menschen, mit denen man Schulbank und Spielplatz teilte. Man suchte Gleichgesinnte und verglich sich nur mit Personen im unmittelbaren Umfeld. YouTube, Instagram, Castingshows und Online-Shops gab es damals noch nicht. Für das, was man brauchte, sorgten die Eltern. Für das, was man nicht brauchte, ging man als Jugendlicher eben arbeiten.

Heute kostet die Welt mehr. Das Leben ist teuer. Mein Bruder und ich müssen viel dafür tun, überhaupt den mittelständischen Lebensstandard zu erreichen, in den wir hineingeboren wurden.

Fairerweise muss man zugeben, dass wir heute vermutlich anspruchsvoller leben als noch vor zwanzig, dreißig Jahren. Wir leben in einer globalen, vernetzten Welt unzähliger Möglichkeiten und Verfügbarkeiten.

Wir vergleichen uns mit allem und jedem und längst nicht mehr nur mit den Mitmenschen unserer unmittelbaren Nachbarschaft. Wir vergleichen uns mit Hollywood-Stars, Unternehmensgründern aus dem Silicon Valley, mit Castingshow-Gewinnern und YouTube-Stars.

Kinder, die heute geboren werden, erleben einen Standard, von dem meine Eltern in ihrem jungen Erwachsenendasein nur träumen konnten. Doch das Kuriose ist, dass niemand den Lebensstandard, den wir heute leben dürfen, als luxuriös empfindet. Das Gegenteil ist der Fall: Wer es sich nicht leisten kann, an der vernetzten, konsumierenden Welt teilzuhaben, fühlt sich von der Gesellschaft ausgeschlossen.

Unsere Welt hat sich gewandelt und mit ihr der Begriff von Familienleben und Kindererziehung.

Ich muss akzeptieren, dass die Lebensrealität meines Kindes eine andere sein würde als meine – ohne diese zu werten. Sollte ich Mutter werden, muss ich meine eigene Definition einer »guten Mutter« finden, losgelöst von dem, was ich als Kind erleben durfte. Angepasst an die geänderten Rahmenbedingungen, die die Mutterrolle heutzutage beeinflussen.

Und das heißt in meinem Fall, dass ich nicht zu Hause bleiben, sondern weiter arbeiten werde.

Doch wie soll das funktionieren?

Neues Spiel, neue Regeln

Die Emanzipation hat in den vergangenen Jahrzehnten dazu beigetragen, dass Frauen in Deutschland nicht nur vor dem Gesetz, sondern auch gesellschaftlich zunehmend Gleichstellung erfahren. Nicht nur Frauen wie Alice Schwarzer, Coco Chanel, Oprah Winfrey, Angela Merkel oder auch Madonna haben wir es zu verdanken, dass wir heute zumindest auf dem Papier mit den gleichen Ambitionen ins Leben starten können wie Männer.

Jeder einzelnen Frau, die im privaten Bereich gegen traditionelle Rollenbilder aufbegehrt hat, dürfen wir dankbar sein. Schon die Berufstätigkeit ermöglicht uns Unabhängigkeit, die Frauen noch vor wenigen Jahrzehnten nicht genießen durften.

Ich behaupte nicht, dass Gleichberechtigung im Berufsleben und in der Gesellschaft schon zu hundert Prozent gelebt wird. Dennoch sind die Meilensteine, die sich Frauen allein in den vergangenen vierzig Jahren erkämpft haben, unbestritten groß. Noch vor ein paar Jahrzehnten – als noch die finanzielle Abhängigkeit zum Mann bestand und

Frauen die Ausübung eines Berufs größtenteils verwehrt blieb – waren Kind und Haushalt das Revier der Frau, hier war sie die Chefin. Der Mann hatte dort nichts zu melden. Je mehr Kinder eine Frau hatte, desto mehr Macht – und demnach auch Freiheit – hatte sie im privaten Bereich.

Heute scheint das Gegenteil der Fall zu sein.

Mütter mit Kindern fühlen sich oft unfrei. Als moderne Frau kann und will man kein traditionelles Rollenbild mehr erfüllen. Das geht sogar so weit, dass Mütter, die sich entscheiden, sich in Vollzeit Haushalt und Kind zu widmen, im gleichen Maße angefeindet werden wie noch vor ein paar Jahrzehnten Mütter, die es gewagt haben, einer Erwerbstätigkeit nachzugehen.

Letztens las ich in einem Zeitungsartikel einen Satz, der mir in Erinnerung geblieben ist.

Der Artikel bezog sich auf eine sozialwissenschaftliche Studie, die einen dramatischen, wenn auch nicht überraschenden Tatbestand in Zahlen ausdrückte: Der Kinderwunsch von Frauen in Deutschland sei groß und trotzdem bekämen sie zu wenig Babys. Dem Artikel zufolge fühlen sich Frauen, die Nachwuchs bekommen, beruflich aussortiert. Diejenigen, die noch keine Kinder haben, haben Sorge, dass es ihnen ähnlich ergehen könnte und schieben deshalb die Entscheidung, Kinder zu bekommen, immer weiter auf. Trotz der Angst, das später zu bereuen. Junge Frauen, so hieß es weiter, würden immer wütender.

Über diesen Satz stolperte ich.

Wütend sind sie? Auf wen oder was?

Wut zeigt sich in mir meist dann, wenn ich mich ungerecht behandelt oder angegriffen fühle. Natürlich kenne ich auch Momente, in denen ich mich über mich selbst ärgere. Aber eine solch heftige Emotion wie Wut empfinde ich eigentlich nur dann, wenn ich das Gefühl habe, mich gegen Angriffe oder Ungerechtigkeiten von außen wehren zu müssen.

Dürfen junge Frauen also wütend sein auf äußere Umstände, wenn es doch eigentlich um ihre eigene Unentschlossenheit in der Kinder-Frage geht?

Ja, sie dürfen!

Denn ihre Entscheidung wird in hohem Maße von äußeren Rahmenbedingungen und Mitmenschen beeinflusst. Und es ist nicht allein ihre Schuld, dass ihnen die Entscheidung schwerfällt.

Und wenn ich darüber nachdenke, fühle ich genauso.

Ich bin wütend, weil ich nicht sehe, dass Frauen bei der Bewältigung der Kindererziehung entlastet werden – oder zumindest nicht in dem Maße, wie ich es mir wünschen würde. Ich sehe in meinem Umfeld vollkommen überforderte Mütter, die neben der Erziehung ihrer Kinder, ihren Job, ihre Männer und sich selbst organisieren müssen und alles, was ihnen an Unterstützung zugute kommt, verdampft wie ein Tropfen auf dem heißen Stein.

Vielleicht würden die Frauen in Deutschland bei idealen Bedingungen ja sogar nicht nur 1,5 sondern sogar 2,2 Kinder pro Uterus produzieren!

Doch wie sehen ideale Bedingungen für Mütter in der heutigen Zeit aus? Wenn wir die Karten neu mischen, wem teilen wir welche Aufgabe zu? Schließlich sind noch andere Spieler am Tisch, die Verantwortung übernehmen sollten: unsere Politik, unsere Arbeitgeber, unsere Männer und unsere Gesellschaft im Allgemeinen.

Und weil sie von diesen Parteien nicht genügend Unterstützung erfahren, sind unentschlossene Frauen im gebärfähigen Alter wütend. Aber richtig.

Hormone sind Karrierekiller

Mein Freund arbeitet gerne mit Frauen zusammen. Er sagt, sie seien leistungsfähig, fleißig und verantwortungsbewusst. Und anspruchsloser als ihre männlichen Kollegen: keine unnötigen Gehaltsdiskussionen, keine Rangelei um Machtansprüche.

Der Frauenanteil in seinem Unternehmen liegt bei annähernd fünfzig Prozent und einige wichtige Positionen im Unternehmen sind mit weiblichen Mitarbeitern besetzt. Doch wie sieht es in der Führungsebene aus? Richtig, nur Männer.

Mein Freund findet das weniger aus politischen, als aus persönlichen Gründen nicht gut: Sich als Mann in einer Gruppe männlicher Kollegen zu behaupten, ist für ihn purer Stress. Jeder will besser sein als der andere und meint, sich unentwegt beweisen zu müssen.

»Wer behauptet, Frauen sind in Frauenkreisen zickig, der hat Männer in Männerkreisen noch nicht kennengelernt«, meint er.

Wie in allen anderen Hierarchieebenen eines Unternehmens bewähren sich auch in Führungsetagen gemischte Teams. Es gibt zahlreiche Studien, die Frauen ein besseres soziales Gespür in Gruppen bescheinigen und mit harten Zahlen belegen, dass geschlechtergemischte Teams besser abschneiden als reine Männergruppen.

Als ich mit meinem Freund darüber sprach, sagte er, dass er sich eine Frau im Führungskreis wünsche, die unter den aufgeblasenen Hähnen für Ausgleich sorgen könnte.

»Doch wo finde ich jemanden? Es gibt weit und breit keine Kandidatin, die geeignet ist«, beklagte er sich.

Stopp. »Ernsthaft? Keine geeignete Kollegin mit qualifizierter Ausbildung, ausreichend Berufserfahrung, Führungspersönlichkeit?«, fragte ich entgeistert.

»Doch. Aber die wollen alle nicht.«

»Wie? Sie wollen nicht?!«

Er berichtete von hoch qualifizierten Frauen vor, in und nach ihrer Elternzeit. Von Frauen, die, bevor sie ihr erstes Kind erwarteten, mindestens so ambitioniert gearbeitet hatten wie ihre männlichen Kollegen. Die ebenso leistungsfähig, engagiert und führungsstark waren. Von Frauen, die noch hochschwanger verkündet hatten, sie würden nach einjähriger Elternzeit in Vollzeit zurückkehren. Von Frauen, deren Partner hauptverantwortlich die Kinderbetreuung übernehmen wollte, damit einer Fortführung ihres Karriereweges nichts im Weg stünde.

Aber sie kamen nicht zurück.

Keine von ihnen, jedenfalls nicht in Vollzeit. Nicht mit dem gleichen Engagement wie vorher, dafür mit geänderten Prioritäten im Leben. Sogar Kolleginnen, von denen er niemals gedacht hätte, dass sie sich vom Mami-Virus derart infizieren lassen würden.

Die meisten seiner weiblichen Mitarbeiterinnen arbeiten inzwischen in Teilzeit, tragen weniger Verantwortung als vorher und beschränken ihr Engagement auf den vereinbarten Rahmen. Und laut meinem Freund sind sie glücklich damit.

Nun ja, man kann bestimmt auch mit halber Karriere zufrieden sein.

Oder man kann es sich zumindest einreden. Jeder Mensch ist schließlich zu Kompromissen fähig und muss manchmal eben Abstriche machen. »Das Leben ist kein Ponyhof« und so.

Aber so recht vorstellen kann ich mir das aus meiner pränatalen Perspektive nicht. Zufriedenheit ist nun mal nur die kleine Schwester des Glücks.

Als Führungskraft sind die Teilzeitwünsche der Neu-Mütter für meinen Freund nicht einfach, er hat Mühe, die daraus resultierenden Herausforderungen in der Praxis zu meistern. In einem vergleichbar kleinen Unternehmen können Ausfälle und variable Arbeitszeiten nicht ohne Weiteres kompensiert werden. Auch nachmittags möchten Kunden bedient und Aufgaben erledigt werden – die Nachfrage nimmt keine Rücksicht auf Teilzeit-Mamis. Von den Krankheitstagen der Kinder und der Eltern ganz abgesehen.

Führungskraft oder gar Geschäftsleitung in Teilzeit geht nach Meinung meines Freundes also gar nicht.

Auch wenn er selbst gern darüber sinniert, dass er seinen Job auch problemlos in Teilzeit von einer Finca aus Mallorca aus managen könnte – bei der Entscheidung, den Berufsalltag einer Führungskraft flexibler auszugestalten, tut er sich schwer.

Eine Kollegin sei noch übrig, sagte er in unserem Gespräch. Eine mit Potenzial für mehr.

»Aber«, er seufzte, »sie ist Mitte dreißig. Auch ihre Uhr tickt.«

Nun ist mein Freund selbst noch kein Vater und hat diese lebensverändernde Erfahrung nicht am eigenen Leib erlebt. Natürlich kann er nicht nachvollziehen, dass es für die Erziehung eines Kindes notwendig und gesund ist, seine Prioritäten zu verschieben.

Auch kennt er nicht die Auswirkungen von Hormonen, denen der weibliche Körper ausgesetzt ist. Daher ist es für ihn befremdlich, zu erleben, wie ausgewechselt Mütter in den Job zurückkehren.

Jede Frau erlebt mit Beginn der Periode das Spektakel hormoneller Auswirkungen am eigenen Leib, und spätestens in den Wechseljahren gehören sie zu ihren natürlichen Feinden. Die Botenstoffe sind schuld an Stimmungsschwankungen, Übergewicht, Hitzewallungen und Tumoren. Und haben wir zu wenig davon – wie zum Beispiel von den Östrogenen, den weiblichen Geschlechtshormonen, die uns leider im natürlichen Lebensverlauf abhandenkommen –, leiden wir unter Osteoporose und Arthritis.

Und nun kommt ein weiterer negativer Effekt der kleinen Biester dazu: Hormone sind Karrierekiller.

Je mehr Kind-initiierte Verwandlungen ich an Freundinnen und Kolleginnen erlebe, desto mehr befürchte ich, dass auch ich mich auf eine postnatale Welt einstellen muss, die von Hormonen dominiert sein wird. Dass auch ich nicht gefeit bin vor dem freiwilligen Rückzug in das Leben eines Teilzeit-Hausmütterchens.

Ich werde mich genauso wenig meinen Instinkten entgegenstellen können wie alle anderen berufstätigen Mütter vor mir. Und wenn jemand bei dieser ganzen kritischen Auseinandersetzung mit dem Baby-Thema denken mag, ich sei schlichtweg unzumutbar für jeden Nachwuchs, der täuscht sich: Auch ich habe einen Mutterinstinkt, der in mir schlummert und mir keinen Zweifel lässt, dass sich auch meine Prioritäten um hundertachtzig Grad verändern würden.

Aber möchte ich das zulassen?

Immerhin habe ich in meinen Beruf viel investiert und verbringe die meiste Zeit des Tages mit meiner Arbeit. Auch meine Persönlichkeitsentwicklung profitiert von den täglichen Herausforderungen. Ich genieße die Freiheit, die ich durch meine Arbeit habe. Und nun soll ich zulassen, dass das alles auf den Kopf gestellt wird? Dass mir Hormone, in ihrer Wirksamkeit vergleichbar mit Drogen, suggerieren, wie großartig das doch sei und mich keinen Moment an der Richtigkeit der Entscheidung zweifeln lassen?!

Doch noch kann ich klar denken. Mein Kopf ist noch nicht hormonell benebelt und mein Instinkt unter Kontrolle. Noch kann ich das karrierevernichtende Szenario verhindern. Und klaren Verstandes darüber befinden, ob ich den Hormoncocktail wirklich ausprobieren möchte.

Ich sehe die blaue und die rote Pille vor mir.

Und ich weiß nicht, was ich tun soll.

Der Generationenvertrag und ich

Ich habe großes Glück, einen Beruf auszuüben, der mir einigermaßen Spaß macht. Bis auf wenige Tage im Jahr, an denen ich alles gäbe, um im Bett liegen bleiben zu können, gehe ich gut gelaunt meiner Arbeit nach.

Aber selbst ich würde meinen Job an den Nagel hängen, wenn es mir endlich gelingen würde, diesen verflixten zweistelligen Millionen-Euro-Jackpot zu knacken. Denn so gigantisch toll sind meine Arbeit und meine Karriere nun auch wieder nicht. Ich habe weder das Penicillin erfunden oder arbeite für Ärzte ohne Grenzen und rette Kinderleben in Afrika noch habe ich die Welt um die Erfindung des Mobiltelefons bereichert. Ich sitze in meinem Büro und verändere außer der Unternehmensbilanz kaum etwas.

Leider gewinne ich nie im Lotto oder zumindest nie mehr als zwei Euro fünfzig. Aber auch wenn mir bislang ein Lottogewinner-Leben in Saus und Braus verwehrt bleibt, fallen mir viele Tätigkeiten ein, denen ich in meiner Freizeit gerne nachkommen würde, die nichts oder nicht viel kosten. Mein Spanisch-Kurs zum Beispiel. Oder mehr Bücher lesen. Mehr Yoga. Mehr Zeit in der Natur.

Selbst wenn ich also nie mehr arbeiten gehen würde und keine Kinder bekäme, würde mir nicht langweilig werden.

Nun ist es leider so, dass ich arbeiten muss, um meinen Lebensunterhalt zu verdienen. Und nicht nur meinen. Schließlich finanziere ich mit meinem sozialversicherungspflichtigen Einkommen aus nicht selbstständiger Arbeit auch noch 0,5 Rentner. Noch, denn das Verhältnis wird sich dank des demografischen Wandels stark zu Ungunsten der Arbeitnehmer verändern. Schon in zehn Jahren könnten hundert Beitragszahler circa fünfundsechzig bis fünfundachtzig Rentner finanzieren, die Schätzungen gehen auseinander. Insofern kann ich es weder mir noch meinem armen halben Rentner antun, meine Arbeit niederzulegen.

Der Generationenvertrag unseres Rentensystems beruht auf einem Solidarpakt zwischen Alt und Jung. Eine schöne Idee, die nur weder mit der steigenden Lebenserwartung der Generation der Babyboomer noch mit gebärverweigernden Frauen wie mir gerechnet hat.

Gibt es nun immer weniger Beitragszahler und immer mehr Rentner, stürzt das an sich gut gedachte Konstrukt unserer Rentenkasse in sich zusammen. Mit anderen Worten: Legen wir bei der Produktion von potenziellen Beitragszahlern nicht einen ordentlichen Zahn zu, geht uns die Kohle aus.

Angesicht dieses für unsere Gesellschaft bedrohlichen Szenarios und meiner Schlüsselrolle in dieser Gemengelage, müsste ich doch in einer guten Position sein.

Man sollte meinen, dass zumindest unsere Politiker – und eigentlich jeder, der plant, das Renteneintrittsein-trittsalter zu erleben – mir an jeder Ecke den roten Teppich ausrollen würde, um meinen Fortpflanzungswillen zu beflügeln.

Die Gesellschaft braucht schließlich meine Kinder!

Richtig an Attraktivität für den Staat gewinnen Mütter allerdings erst, wenn sie nicht nur mindestens zwei Kinder in die Welt gesetzt haben, sondern auch weiterhin erwerbstätig bleiben. Denn ganz grundsätzlich sind Frauen in Heimarbeit für die Politik weniger attraktiv als lohnsteuerzahlende und sozialversicherungspflichtige Arbeitnehmerinnen.

Klingt logisch, oder?

Und so gehe ich ganz naiv davon aus, dass zumindest die Hüter unserer Renten- und Steuerkassen ein ureigenes Interesse an Familienförderung haben und zeitgleich alles tun, um meine Karriere zu unterstützen.

Gleiches gilt übrigens auch für Arbeitgeber. Sie müssen zwar kurzfristig mit einem Arbeitsausfall der Gebärenden rechnen, profitieren aber langfristig von potenziellen neuen

Arbeitskräften, die sie in fünfzehn bis zwanzig Jahren als Auszubildende einstellen möchten. Frauen das Kinderkriegen zu vermiesen, ist also eine sehr kurzgedachte Investition. Keine Kinder heute, keine Nachwuchskräfte morgen. So einfach ist das. Jeder, wirklich jeder, der in unserer Sozialen Marktwirtschaft lebt und an ihr partizipiert, sollte daran interessiert sein, dass ich Kinder bekomme. Politik und Wirtschaft sollten hocherfreut Beifall klatschen, wenn ich mit meiner jungfräulichen Gebärmutter verkünde, meinen Beitrag für die Erhaltung unserer Zukunft leisten zu wollen. Sie müssten um mich herumtänzeln und mir Geschenke bringen wie einer Königin!

Und mit dieser Erkenntnis mutet es doch sehr seltsam an, dass ich diejenige bin, die sich schuldig fühlt bei dem Gedanken, meinem Arbeitgeber eine etwaige Schwangerschaft zu verkünden.

Merkwürdig, dass ich mich sorge, wie ich Beruf und Familie unter einen Hut bekomme und komisch, dass ich mich mit der Bewältigung dieses Spagats allein gelassen fühle.

Irgendwas läuft doch hier schief.

Kinderbetreuung

Da ich angesichts meiner neu erworbenen, erhabenen Haltung einer begehrenswerten Kinderproduzentin davon ausgehe, dass kollektive Einigkeit darüber existiert, wie wichtig meine Entscheidung pro oder kontra Nachwuchs ist, fühle ich mich in meinem Recht bestärkt, politische Unterstützung bei der Erfüllung dieser Anforderungen einzufordern.

Und ein bisschen was tut der Staat ja wirklich. Immerhin gibt es öffentliche Kindergärten und gebührenfreie Schulen, Kindergeld, Mutterschutz und Mutterschaftsgeld, Kinderfreibeträge und Steuervorteile, Elternzeit inklusive Kündigungsschutz und seit einigen Jahren sogar Elterngeld. Ist ja schon eine ganze Menge.

Leider aber nicht genug.

Meine Fortpflanzungsbereitschaft haben diese Anreize leider nicht wirklich getriggert.

Denn Steuervorteile und Elterngeld helfen mir nicht bei der Organisation der Kinderbetreuung. Und so lange ich nicht einen Bauernhof leite, auf dem meine Kinder rumspringen können, während ich meiner Erwerbstätigkeit nachgehe, brauche ich nun mal jemanden, der auf sie aufpasst, während ich Geld verdienen muss.

Doch der klägliche Ausbau der Betreuungsangebote ist ein schlechter Witz.

Es ist kein Einzelfall in meinem Umfeld, dass Eltern jahrelang auf einen Krippen- oder Kindergartenplatz warten müssen. Schon mehrfach habe ich erlebt, dass der Tag des Wiedereintritts in den Beruf nach der Elternzeit verschoben werden musste, da kein Betreuungsplatz für den Nachwuchs zu finden war. (Was auch die leidvollen Erfahrungen erklärt, die Arbeitgeber machen müssen!)

Nun gibt es einen Rechtsanspruch auf einen Betreuungsplatz, den ich – wenn ich klugerweise eine Rechtsschutzversicherung abgeschlossen habe – auch einklagen kann. Doch Schadensersatz, der mir irgendwann später zugestanden wird, oder ein Kita-Platz, der mir nach langer Verhandlung am anderen Ende der Stadt zugewiesen wird, macht die akute Notlage nicht besser.

Es gibt die abenteuerlichsten Geschichten über Eltern, die sich Kita-Plätze in Großstädten erkämpfen müssen. Bloß nach der Geburt keine Zeit verlieren!

Idealerweise hat man in der Schwangerschaft schon Bewerbungsmappen vorbereitet für mindestens eine zweistellige Anzahl Betreuungseinrichtungen, die man noch aus dem Kreißsaal versenden kann.

Von Compliance-Regelungen ist in diesem Wettbewerb übrigens keine Rede und so wird hemmungslos bestochen, geschleimt, bezirzt, Kuchen gebacken und wer weiß noch was angestellt, um den Nachwuchs aufbewahrt zu wissen.

Manch eine Mutter ist vermutlich bereit, den Vater des Zöglings mit zu verhökern, um sich einen Platz in einer Kita zu ergattern.

Warum ist es denn so schwer, für ausreichend Betreuungsplätze in Großstädten zu sorgen?

Schließlich fördern der Bund und die Kommunen seit einigen Jahren nicht nur staatliche, sondern auch private Einrichtungen und man könnte doch meinen, dass diese Investitions- und Betriebskostenzuschüsse einen wahre Gründerexplosion an Kitas ausgelöst hätten.

Nur, so einfach ist es nicht und ich spreche aus Erfahrung.

Im Jahr 2008 – meine Freundin und Arbeitskollegin war schwanger und sah ihren beruflichen Werdegang in Gefahr, die Toilette heruntergespült zu werden – kam ich auf die Idee, gemeinsam mit ihr eine private Kindertagesstätte zu eröffnen.

Nicht nur, um ihr in der Großstadt einen Platz für das ungeborene Kind zu sichern, sondern um eine neue berufliche Herausforderung zu starten. Wir wollten schon immer unternehmerisch tätig sein, warum also nicht die wirtschaftlichen Chancen nutzen, die sich durch gesetzliche Änderungen auftaten?

Gut ein halbes Jahr verging, in dem wir unsere Freizeit mit dem Durchforsten von Unterlagen zur Unternehmensgründung, Gesetzestexten und Förderanträgen verbrachten. Sie Juristin, ich Betriebswirtin – eigentlich eine gute Kombination. Trotzdem war der Paragraphen-Dschungel in dieser Sache ausgesprochen schwer zu durchschauen.

Schließlich gaben wir auf – auch aus Zeitgründen, denn wir waren beide in Vollzeit beschäftigt – und engagierten einen auf Existenzgründung spezialisierten Unternehmensberater, der praktischerweise jüngst einer anderen Jungunternehmerin zu einer Kinderbetreuungseinrichtung verholfen hatte.

Eine potenzielle pädagogische Leiterin für unsere Einrichtung fiel uns in den Schoß – ein Glücksfall! – und in

Nullkommanichts stand unser pädagogisches Konzept. Wir einigten uns auf die erzieherischen Werte unserer Einrichtung sowie auf alle Rahmenbedingungen (wie viele Betreuer pro Kind beziehungsweise Gruppe, Öffnungszeiten, Essensangebot und so weiter).

Während unser Unternehmensberater am Businessplan und an der Finanzierung des Projekts tüftelte, unsere pädagogische Leiterin am Konzept feilte und Betreuungspläne erstellte, um den Personalbedarf zu ermitteln, begannen meine Freundin und ich mit der Suche nach einem geeigneten Objekt.

Vier Immobilienmakler waren von uns beauftragt, uns bei der Suche nach Räumlichkeiten zu helfen. Glücklicherweise hatten wir im Vorfeld bereits einen Architekten gefunden, der sich auf die Planung und Gestaltung von Kindereinrichtungsstätten spezialisiert hatte und uns mit einem Katalog an Anforderungen bewaffnete, den wir bei der Suche nach einem Objekt abfragen mussten.

Die Suche war ernüchternd.

Die Mehrzahl der angebotenen Gewerbeimmobilien, die unter Umständen geeignet gewesen wären, standen uns nicht zur Verfügung, da der Eigentümer keine Kinder in seinen Mietobjekten tolerierte.

Wir fühlten uns irgendwann, als hätten wir vor, einen nicht jugendfreien Saunaclub zu eröffnen. Und vermutlich wäre die Immobiliensuche für einen Puff noch einfacher gewesen, als Räumlichkeiten für eine Kinderbetreuungseinrichtung zu finden.

Unsere Ausbeute nach eineinhalb Jahren Suche: drei Objekte, die ehrlich gesagt auch nicht mehr erfüllten als die Mindestanforderungen unseres Architekten beziehungsweise dem, was die entsprechenden gesetzlichen Vorschriften verlangten. Ein paar kahle Räume, die man sich eher als Lagerraum für Europaletten vorstellen mochte. Gelegen im Erdgeschoss, damit Kleinkinder, die noch nicht alleine laufen können, nicht im Brandfall aus dem fünften Stock geworfen werden müssen. Eine angrenzende Grünfläche für den täglichen Auslauf und noch ein paar Details mehr.

Allein die Quadratmeterberechnung brachte mich um den Verstand. Die Vorgaben sahen eine Mindestanzahl an Quadratmetern pro Kind vor, begrenzten aber gleichzeitig die förderungsfähigen Flächen, also die Quadratmeter, die der Staat finanziell unterstützen würde.

Das ist bei der angespannten Immobilienlage in etwa so, als balanciere man in Stöckelschuhen über ein Seil, das zwischen zwei Helikoptern gespannt ist, die gerade den Grand Canyon überfliegen.

Ein Objekt, das erst in zwei Jahren fertiggestellt werden sollte und sich gerade in Planung befand, gefiel uns sehr gut, da es einerseits sehr modern und neu war, und sich andererseits inmitten eines Büro- und Wohnkomplexes befand, das die Auslastung unserer Kinderbetreuungsstätten auf Lebzeiten garantiert hätte.

Doch nun ging es los: ob wir Referenzen hätten? Sicherheiten? Andere Gründungsprojekte vorweisen konnten? Ob wir schon eine Lizenz vorweisen konnten? Nein, leider nicht.

Und so waren wir mitten im wirtschaftlichen Wettbewerb gelandet, der uns auf den Boden der Tatsachen zurückholte.

Das zweite Objekt, das uns in puncto Lage und potenzieller Nachfrage zusagte, lag praktischerweise (und blöderweise) in der Nähe einer S-Bahn-Station und verfügte über ein angrenzendes Grünstück, das sich als Mini-Garten für einen Spielplatz anbot. Ein paar Meter weiter befand sich außerdem ein großer Stadtpark, den man zusätzlich nutzen konnte, um mit den Kindern Zeit im Freien zu verbringen. Ob die Stadt uns einen Spielplatz genehmigte, der direkt an die S-Bahn-Strecke grenzte?

Auch wenn eine meterhohe Mauer den Garten von den Gleisen trennte, war es nicht sicher, ob die Stadt uns die Kita – wenn sie einmal fertiggestellt sein würde – auch abnahm und uns eine Betriebslizenz erteilte.

Und so blieben Unsicherheiten, die wir zum Zeitpunkt, als wir die Entscheidung hätten fällen müssen, nicht klären konnten. So recht wollte sich kein Beamter der Stadt aus dem Fenster lehnen.

Und dann bekamen wir durch Zufall noch eine weitere Information zugetragen: In der Zeitspanne, in der wir das Objekt in Betracht zogen, unseren Architekten beauftragten, eine Ausgestaltung vorzunehmen und unseren Unternehmensberater mit der Planung der Finanzierung beschäftigten, fiel einem Sesselpupser in der Stadtverwaltung ein, dass man künftig nur noch Grünflächen – und die entsprechende Quadratmeteranzahl – akzeptierte, die direkt an das Haus angrenzten. Öffentliche Anlagen, die nicht zum Objekt gehörten, zählten nicht mehr und würden nicht in die erforderliche Anzahl an Grünflächen-Quadratmetern pro Kind mit einberechnet werden.

Nachfragen bei dem entsprechenden Amt konnten leider im Vorfeld nicht befriedigend klären, wie verbindlich die Aussage zu werten war und ob Gefahr bestand, dass man uns aufgrund des zu kleinen Gartenstücks keine Lizenz erteilen könnte.

Und so ließen wir auch dieses Objekt fallen.

Die letzte verfügbare Immobilie war riesig: eine ehemalige Privatklinik, die nun über hundertfünfzig Kindern einen Betreuungsplatz hätte schenken können. Unser Architekt war selig vor Glück, unser Unternehmensberater schwitzte und meine Freundin und ich konnten nachts nicht mehr schlafen.

Der Investitionsbedarf schoss in eine einstellige Millionenhöhe, davon eine noch nicht befriedigend ermittelte Größenordnung, die der Staat auch definitiv mit Zuschüssen subventionieren würde.

Allein die Betriebskosten waren so hoch, dass wir vom Start weg für eine annähernd hundertprozentige Auslastung hätten sorgen müssen. Und für die Zahl an Betreuern, die wir benötigt hätten, hätte man gefühlt die halbe Stadt abwerben müssen.

Die Größenordnung des Projekts und die Kosten der Vorbereitung, die wir privat zu tragen hatten, überstiegen sowohl unsere Nerven als auch unser Bankkonto. Das Ganze schien uns mehr und mehr wie eine Sisyphos-Aufgabe.

Irgendwie erwartete der Staat zur Erteilung der Betriebslizenz und zur Genehmigung und Zahlung der Investitions- und Betriebskostenzuschüsse, dass alle erforderlichen Verträge im Vorfeld fixiert waren. Doch wie sollte man auch nur einen Mietvertrag oder einen Kreditantrag zusagen, ohne zu wissen, ob man auch wirklich eine Genehmigung für das geplante Konzept erhalten würde?

Vielleicht stellten wir uns auch einfach zu kompliziert an.

Kurzum, meiner Freundin (inzwischen Mutter eines kleinen Sohnes und in Elternzeit) und mir (immer noch hauptberuflich angestellt und fünfzig Stunden pro Woche im Büro), wurde es zu viel. Circa drei Jahre später und zehntausend Euro leichter gaben wir auf.

Und wir beide waren nicht gerade die Typen, die gerne aufgaben. Wir waren Kämpferinnen, Marathonläuferinnen – konsequent und hartnäckig bis zum bitteren Ende. Aber wir konnten nicht mehr.

Rückblickend und viele Jahre später gebe ich zu, dass es für mich gut war, dass es mit dem ambitionierten Projekt nicht geklappt hat. Ich hätte mich jahrzehntelang an eine Aufgabe und einen Ort gebunden, von dem ich damals noch nicht wusste, dass ich ihn bald verlassen würde. Und auch wenn ich mich Hals über Kopf und mit voller Ernsthaftigkeit in das Vorhaben stürzte – vermutlich war die Idee, eine Kindertagesstätte zu gründen, für jemanden, der Kinder schon damals nicht wirklich toll fand, auch nicht gerade die beste.

Ich hätte die Dezibelzahl in unserem eigenen Betrieb vermutlich nur mit Ohrstöpseln überlebt.

Doch die Erfahrung mit dem Gründungsvorhaben möchte ich nicht missen.

Und sie hat mir eindrucksvoll gezeigt, warum es so schwer ist, der Betreuungsnachfrage mit einem entsprechenden Angebot zu begegnen.

Auch hier liegt die Schuld zwar hauptsächlich bei der Politik, die die Regelungen vorgibt, aber auch an vielen anderen Faktoren, die nur mehr oder weniger auf politische Fehlentscheidungen zurückzuführen sind: Es gibt zu wenige Immobilien, die für die Betreuung von Kindern geeignet sind *und* auch genehmigt werden. Es gibt zu wenige Eigentümer, die kinderfreundlich sind *und* gleichzeitig bereit, sich vertraglich jahrzehntelang an einen Betreiber zu binden (extrem lange Mietverträge sind Voraussetzung für die Zuschüsse). Die meisten lassen ihre Objekte dann lieber leer stehen.

Darüber hinaus gibt es grundsätzlich zu wenig Personal in der Kinderbetreuung. Die Bezahlung ist mies, die Arbeitslast und die Verantwortung hingegen hoch. Und kaum ein Erzieher kann es sich noch leisten, auch nur in der Nähe einer städtischen Einrichtung zu wohnen, wenn die Mieten nicht mehr zu bezahlen sind.

Und zu guter Letzt meint jeder Hansdampf in der Kette der staatlichen Bürokratie, der etwas zu entscheiden hat, er könne seinen eigenen Stempel hinterlassen und neue Regelungen einführen, die angeblich dem Kindeswohl dienen.

Geholfen ist damit aber niemandem, wenn es in letzter Konsequenz heißt, dass es nur eine ungenügende Anzahl an Betreuungseinrichtungen gibt. Weder den Kindern noch den Müttern.

Beruf und Familie im Einklang

Wenn das mit dem Lottogewinn schon nicht klappen will, sollte ich meine Träumereien vielleicht auf Dinge fokussieren, die eine höhere Wahrscheinlichkeit haben, Realität zu werden. Und so arbeite ich an der Ausgestaltung meiner persönlichen Traumwelt für familienfreundliches Arbeiten. (Obwohl bezweifelt werden darf, ob die Wahrscheinlichkeit der Erfüllung wirklich höher ist als der Jackpot-Gewinn, zumindest innerhalb meiner fruchtbaren Lebensphase.)

Ich arbeite an einer Wunschliste.

Auch wenn sie weder vollständig noch allgemeingültig ist, beschreibt sie die Arbeits- und Lebenswelt, die meine Gebärmutter als Brutstätte für künftige Azubis und Steuerzahler akzeptieren würde. Ich bin überrascht, wie leicht es mir fällt, zu formulieren, was ich brauche.

Punkt eins: Autonomie und Flexibilität in Bezug auf Arbeitszeit und -ort
Punkt zwei: kürzere Arbeitszeiten

Punkt drei: ausreichende und flexible Betreuungsangebote für jedes Kind

Punkt vier: entspannte Vorgesetzte, Kollegen, Kunden

Könnte ich die Arbeitszeiten und den Ort meines Berufsalltags selbst bestimmen, fiele es mir sicherlich leichter, ein Leben mit Kind zu organisieren. Kinder machen ganz automatisch einen Strich durch meinen eng getakteten Arbeitstag und haben Bedürfnisse, die zeitlich mehrheitlich parallel zu meinen Arbeitszeiten befriedigt werden wollen. Gemeinsame Mittagessen wären schön. Auch ein Nachmittag auf dem Spielplatz oder im Schwimmbad. Oder Vokabeln abhören.

Alles Aktivitäten, die vor zwanzig Uhr stattfinden müssen, während ich meine E-Mails auch noch beantworten kann, wenn der Sprössling nach einem ereignisreichen Nachmittag selig eingeschlummert ist. Mit entsprechender Ausgestaltung der Arbeitszeit könnte ich mir den Tag durchaus familienfreundlicher einteilen. So würde ich nach der Schule mit meinem Kind zu Mittag essen oder es zum Sport- oder Musikunterricht fahren. Danach können wir uns auch gemeinsam an den großen Familientisch setzen und arbeiten (ich) beziehungsweise Hausaufgaben machen (Kind). Mein Sohn oder meine Tochter würden mich dabei sicherlich nicht mehr ablenken als plauderfreudige Kollegen im Großraumbüro.

Den Arbeitsort und die Arbeitszeit frei wählen zu können, würde viel Entspannung in mein geträumtes Familienleben bringen. Und es gibt einige Berufe – zu denen auch meiner gehört –, die sich dank Notebooks, Internet und Telefon ganz oder zumindest gelegentlich in Heimarbeit wunderbar realisieren lassen.

Sicherlich gibt es Tätigkeiten, die immer einen festen Zeitplan vorsehen – zum Beispiel in Dienstleistungsberufen. Hier ist eine flexible Ausgestaltung der Arbeitszeit und des Ortes schlichtweg nicht möglich. Service-Mitarbeitende am Flughafen können sich leider nicht aussuchen, wo und wann die Fluggäste eingecheckt werden. Ebenso wenig Chirurgen, die ihre Patienten schlecht mit offenen Herzen am OP-Tisch liegen lassen können, um ihr Kind von der Schule abzuholen.

Doch in einem Schreibtisch-Beruf wie meinem gibt es kaum Gründe dagegen.

Das Krönchen auf meiner Wunschliste wäre die Reduktion meiner Wochenarbeitszeit. Ohne als Teilzeit-Arbeitnehmerin in den Akten geführt zu werden und ohne auf mein Vollzeit-Gehalt verzichten zu müssen. Fünf bis sechs Stunden am Tag würde ich in meiner TffA (Traumwelt für familienfreundliches Arbeiten) für meinen Job gerne und freiwillig investieren wollen, mehr aber auch nicht.

Das gilt übrigens nicht nur für das Kinder-Szenario, ich finde meine viel zu langen Arbeitszeiten auch ohne Nachwuchs schon unverhältnismäßig.

Wie gerne würde ich die Zeit, die ich unproduktiv, gestresst und übermüdet im Büro sitze, mit einer Runde Sport im Park verbringen! Oder einem Fremdsprachen-Kurs für Italienisch oder Spanisch. Oder einfach mit Lesen oder Nachdenken. Die übliche Vierzigstundenwoche passt einfach nicht zu meinem Biorhythmus, der sich zwischen fünfzehn und achtzehn Uhr so überhaupt nicht auf Excel-Tabellen konzentrieren mag!

Ich halte die starre Wochenarbeitszeit-Regelung für nicht mehr zeitgemäß. Zumindest nicht in Schreibtischtäter-Berufen, wie ich einen ausübe.

Dazu kommt, dass ich weitaus mehr arbeite als die vereinbarten vierzig Stunden. Dank moderner Kommunikationstechnik bin ich nicht selten vor neun Uhr morgens und nach achtzehn Uhr noch mit der Beantwortung meiner Mails und mit dem Erstellen von Angeboten oder Präsentationen beschäftigt – von tagelangen beruflichen Reisen mal abgesehen –, und arbeite somit deutlich mehr, als mein Arbeitsvertrag mir diktiert.

Abgesehen davon hat sich das durchschnittliche Arbeitstempo im Vergleich zu der Zeit, als es noch keine Computer und keine E-Mails gab, deutlich erhöht. Wir jonglieren heute in gleicher Arbeitszeit exponentiell mehr Vorgänge als noch vor dreißig Jahren.

Vor über hundert Jahren einigten sich Unternehmer und Gewerkschaften auf den Acht-Stunden-Arbeitstag. (Galt damals mehr oder weniger nur für den Mann, denn Frauen blieben ja bekanntlich am Herd und bei den Kindern.)

Heute gilt die Vierzigstundenwoche immer noch, zumindest für jeden, der nicht das Glück hat, tariflich nur fünfunddreißig Stunden arbeiten zu müssen. Den knielangen Bleistiftrock und die Krawatte haben wir bereits hinter uns gelassen, an den starren Arbeitszeiten der alten Zeiten halten wir stoisch fest.

Arbeitseffizienzstudien haben längst bewiesen, dass wir unterm Strich nur an drei von fünf Arbeitstagen effizient arbeiten. Australische Forscher der Universität Melbourne empfehlen Über-Vierzigjährigen sogar eine reduzierte Wochenarbeitszeit von fünfundzwanzig Stunden. Alles was darüber hinausginge, sagen sie, sei nicht förderlich für kognitive Fähigkeiten und Kreativität.

Kann ich bestätigen, auch wenn ich noch keine Vierzig bin.

Weniger arbeiten und erfolgreicher sein. Hört sich an wie mein abendliches Gute-Nacht-Gebet!

Wenn ich also mit fünfundzwanzig oder dreißig Stunden pro Woche den gleichen Output liefere wie mit meinen durchschnittlich fünfundvierzig bis fünfzig Stunden aktuell, warum sitze ich dann im Büro und verschwende Zeit, die ich für mein Privatleben gut gebrauchen könnte?

Zeit, um mein Familienleben nicht nur zu organisieren, sondern auch zu genießen – und in Konsequenz daraus als leistungsfähigere Arbeitskraft zur Verfügung zu stehen. Meine Excel-Tabelle zur Ermittlung meines täglichen Zeitbedarfs würde plötzlich deutliche Überschüsse ausweisen! Das Problem wäre gelöst!

So sehen es übrigens auch die Forscher und versprechen sich von der Arbeitsreduktion nicht nur eine höhere

Zufriedenheit unter den Mitarbeitern, sondern auch einen niedrigeren Krankenstand und höhere Produktivität.

Leider sind wir noch weit von dem Sechsstundentag entfernt und es bleibt aktuell bei wenigen Testprojekten, die vor allem in skandinavischen Städten wie Stockholm oder Göteborg durchgeführt werden.

Also heißt es: doch wieder Lotto spielen.

Ein ausreichendes und flexibles Betreuungsangebot ist ein absolutes Muss und Grundvoraussetzung für jede Berufstätigkeit. Da sowohl Politik als auch Wirtschaft auf Arbeitskräfte angewiesen sind, liegt es auch in ihrer Verantwortung, dafür zu sorgen. Doch aktuell fehlen circa dreihunderttausend Plätze für Kinder unter drei Jahren.

Insbesondere Mütter, die im Schichtbetrieb arbeiten, sei es als Krankenschwester, Flugbegleiterin oder als Verkäuferin, haben es grundsätzlich schwer, für ihre Sprösslinge Betreuungsplätze zu finden, deren Angebot über die üblichen Betreuungszeiten hinausgeht. Ganz zu schweigen von einer kurzfristig zu organisierenden Betreuung im Notfall, wenn etwa die Tagesmutter erkrankt ist. Doch auch die Eltern, für die schon eine reguläre Betreuung zur üblichen Arbeitszeit reichen würde, reihen sich ein in ellenlange Wartelisten.

Und selbst wenn man für sein Kind einen Platz ergattert hat, ist das Betreuungsproblem nicht vollständig gelöst. Auch Kindertagesstätten und Kindergärten haben Schließzeiten, die die Eltern durch Urlaub oder alternative Betreuung überbrücken müssen.

Geht der Nachwuchs in die Schule, verschärft sich das Problem noch: Ein durchschnittlicher Arbeitnehmer hat vielleicht sechs Wochen Urlaub im Jahr (gesetzlich sind nur zwanzig Tage vorgeschrieben, also vier Wochen), Schulferien sind dagegen um die zwölf Wochen im Jahr. Da hat wohl irgendjemand bei der Planung nicht mitgerechnet. Oder einfach kein Talent für Mathe.

Solange die Betreuungsfrage nicht geklärt ist, liebe Arbeitgeber und liebe Politik, brauchen wir über weitere Familienförderung überhaupt nicht zu diskutieren.

Wäre zum Schluss noch Punkt Nummer vier meiner TffA-Liste. Stichwort: entspannte Vorgesetzte, Kollegen, Kunden.

Es wäre schön, wenn einfach alle im Arbeitsalltag etwas gelassener, flexibler und verständnisvoller wären.

Muss es ein Präsenztermin sein oder geht auch eine Telefonkonferenz? Muss ich unbedingt reisen, um die Präsentation zu zeigen oder können wir auch eine Webdemonstration durchführen, was es mir ermöglicht, nachts bei meinem Kind zu bleiben? Kann man Termine auch familienfreundlich auf den Vormittag legen oder muss es unbedingt um sechzehn Uhr sein?

Es sind Kleinigkeiten mit großer Wirkung für Familien, die man in meiner Art des Berufslebens erwarten dürfte.

Und dagegen spricht eigentlich: nichts.

Es mag wichtige Aufgaben geben, die mit gutem Grund zu einem bestimmten Zeitpunkt abgeliefert werden müssen.

Aber es gibt auch genügend weniger wichtige Aufgaben und in vielen Fällen ist Stress hausgemacht.

Auch wenn der Kunde gerade springt wie Rumpelstilzchen, braucht er das Angebot wirklich noch heute um Mitternacht?

Morgen früh um zehn Uhr sollte reichen, oder?

Es sei denn, der zeitliche Verzug bringt die Bänder der gesamten Produktion zum Stehen oder das Eis am Südpol schneller zum Abschmelzen. Dann, und nur dann, würde auch ich mich in Stress versetzen lassen. Für alle anderen Notfälle, deren Lösung nur der Ego-Befriedigung meines Befehlshabers dienen – nicht. Muss nicht sein.

Da bringe ich lieber mein Kind ins Bett und lese eine Gute-Nacht-Geschichte vor.

Und wenn alle mal tief einatmen und akzeptieren würden, dass es im Leben wichtigeres gibt als Deadlines, Effizienz und Kostencontrolling, dann hätten wir mit Sicherheit auch kollektiv einen entspannteren Umgang mit Familien und jungen Müttern und Vätern im Job.

Gleichberechtigt ist nicht gleichgestellt

Ja, Kinder sind oft krank. Kinder, die in eine Kindertagesstätte oder in den Kindergarten gehen, werden noch häufiger krank. Wenn man boshaft wäre, könnte man sagen, Krankheitstage sind die heimliche Rache der Kleinen, weil sie von der arbeitenden Rabenmutter und dem Rabenvater abgeschoben wurden. Unterbewusst werden sie krank, um sich die Nähe der Eltern zu erkämpfen.

Die Kita ruft an, das Kind ist krank und will sofort abgeholt werden. Darf man als Arbeitnehmer dann einfach so losstürzen und alles stehen und liegen lassen?

Vereinfacht gesagt: ja.

Bis zu zehn Tage im Jahr können Eltern per Gesetz (wenn das Kind jünger als zwölf Jahre alt ist und ein Attest vom Kinderarzt vorliegt) der Arbeit unbezahlt fernbleiben. Das Recht auf zehn Tage Freistellung gilt pro Kind und pro Elternteil. Das heißt also, dass sowohl Mütter als auch Väter zu Hause bleiben dürfen, Alleinerziehende erhalten von vornherein das doppelte Kontingent.

Ob für diese Tage eine Lohnfortzahlung (beispielsweise durch den Arbeitgeber oder Kinderkrankengeld von der Krankenkasse) erfolgt, hängt unter anderem davon ab, ob die Eltern und das Kind gesetzlich versichert sind, welche Regelungen im Arbeitsvertrag vorgesehen sind und so weiter.

Auch wenn Vätern wie Müttern gleichermaßen diese Option gegeben wird, sieht die Realität – welch Überraschung – anders aus: Die Mütter bleiben zu Hause. Eine Krankenkasse veröffentlichte vor ein paar Jahren aufschlussreiche Zahlen: Achtzig Prozent der Fehltage wegen Krankheit des Kindes gehen im Bundesdurchschnitt auf das Konto der Mütter. Auch regionale Unterschiede deckte die Statistik auf. So konnten sich kranke Kinder in Berlin oder Brandenburg deutlich häufiger über die Anwesenheit ihrer Väter freuen als in Bayern oder Nordrhein-Westfalen.

Für Krankheit kann niemand was. Kinder werden nun mal krank und brauchen ihre Eltern. Manch ein Erwachsener nimmt ja auch gerne die Betreuung des Partners in Anspruch, wenn es ihm nicht gut geht. Kinder brauchen die Zuwendung erst recht und allein zu Hause bleiben können sie schlecht.

Doch einem Mitarbeiter oder einer Mitarbeiterin, der oder die permanent Gefahr läuft, auszufallen, kann man keine anspruchsvollen, verantwortungsvollen, terminkritischen Aufgaben übertragen.

Ich bin selbst Führungskraft und hatte auch Mütter in meinen Teams. Ständig war irgendeine krank, besonders die von Kleinkindern.

»Muss gehen, sorry.«

»Ja, klar, kein Problem! Mach dir keine Gedanken. Deine Vollzeit arbeitenden Kollegen und Kolleginnen ohne Kinder mit den durchschnittlich hundertfünfzig Überstunden pro Monat fangen das schon auf. Kein Thema, geh ruhig!«

Ich verstehe beide Seiten.

Ich verstehe die Sicht des Arbeitgebers, der nun mal andere Ziele verfolgt als die Wohlfahrt. Und ich verstehe Mütter, die natürlich ihrem kranken Kind höhere Priorität einräumen. Was ich aber nicht fair finde ist, dass die Nachteile, die sich daraus ergeben, auf dem Rücken der Mütter ausgetragen werden. Sie tragen die Last allein und kassieren die Quittung namens Abwärtsspirale: mehr Fehlzeiten, weniger anspruchsvolle Arbeit, weniger Gehalt. Alles noch mehr Gründe, warum doch besser die Mütter zu Hause bleiben und nicht die Väter.

Wenn aber das Risiko für den Arbeitgeber, dass der Vater ausfällt, genauso hoch wäre wie bei den Müttern – würden dann alle verantwortungsvollen Aufgaben nur noch an Kinderlose vergeben werden?

Kann sein, aber das glaube ich nicht.

Ich kann mir gut vorstellen, dass Männer, die Väter sind, sich im Berufsalltag sehr schnell für neue Modelle stark machen würden, wie man mit der Kindesbetreuung verantwortungsvoll umgehen und gleichzeitig den Schaden für den Arbeitgeber auf ein erträgliches Maß reduzieren könnte.

Wir brauchen die Stimmen der Väter. Wir brauchen Männer, die sich stark machen für die Gleichstellung der Frau, auch und erst recht für die der Mütter.

Frauen verdienen in Deutschland im Schnitt zweiundzwanzig Prozent weniger als Männer. Der durchschnittliche Gender Pay Gap, also die Kluft zwischen dem Verdienst von Frauen und Männern, liegt in der Europäischen Union bei circa sechzehn Prozent. Deutschland rangiert auf den letzten Plätzen der Tabelle, nur in Österreich und Estland ist die Kluft noch größer.

Angeblich, so auch die Meinung meines geliebten Partners, seien die Frauen ja auch selbst schuld. Schließlich könne man die Gehaltsunterschiede zum größten Teil darauf zurückführen, dass Frauen in schlechter bezahlten Berufen arbeiten oder in weniger anspruchsvollen und verantwortungsvollen Positionen anzutreffen sind.

Damit hat er nicht ganz unrecht: Frauen arbeiten als Erzieherinnen, Arzthelferinnen oder Verkäuferinnen. Sie erbringen rund fünfundsechzig Prozent aller persönlichen Dienstleistungen in Deutschland und sind vorwiegend in beschäftigungsreichen, aber geringer entlohnten sozialen Berufen oder im Gesundheitswesen tätig. Und obwohl Frauen gerne in Dienstleistungsberufen tätig sind, sind sie in den neuen, besser bezahlten Bereichen wie zum Beispiel der Informationstechnologie seltener anzutreffen.

Mädchen sind im Durchschnitt weniger technikaffin, weshalb es immer noch neunzig Prozent der Männer sind, die Maschinen bedienen oder einrichten. Und auch wenn manche Feministin sich jetzt vielleicht die Haare rauft: Mehr Mädchen spielen lieber mit Puppen als mit Lego Technik, studieren lieber Sozialpädagogik als Maschinenbau. Trotz verschiedener Initiativen, Mädchen für männlich dominierte Berufe zu begeistern: Nach wie vor wählt die Mehrheit trotz besserer Schulabschlüsse Ausbildungsberufe, die als typisch weiblich bezeichnet werden. Und die schlechter bezahlt sind.

Sind wir Frauen also wirklich selbst schuld am Gender Pay Gap?

Wenn wir mit achtzehn einen Beruf wählen, der uns schlechter stellt als unsere männlichen Mitschüler, dürfen wir uns dann mit Mitte dreißig wirklich wundern, wenn wir auch diejenigen sind, die bei der Kinderbetreuung den Kürzeren ziehen?

Mein Freund, der angeblich für die Gleichberechtigung der Frau ist (natürlich nur, wenn er dafür nichts von seiner Freiheit einbüßen muss), hebelte die Diskussion um die Nachteile von Frauen bezüglich der Kinderbetreuung mit einem Satz aus:

»Du verdienst weniger als ich, also bleibst du zu Hause und passt aufs Kind auf.« Aus! Basta!

»Und was, wenn ich mehr verdiene als du?«, fragte ich.

»*Falls* du mehr Geld verdienen *würdest*, *würde* ich mir *vielleicht* überlegen, Teilzeit zu arbeiten.«

Hört! Hört!

»Du verdienst aber nicht mehr als ich.«

Leider hatte er recht und beendete damit nicht nur die Diskussion, sondern auch seine eigene Auseinandersetzung mit dem Thema.

Ich verzichtete auf eine Fortsetzung des Gesprächs, weil ich keine Lust darauf hatte, dass er mir als Beweis irgendwelche Zahlen aus einer Excel-Tabelle vorbetete und am Ende erzählte, wie toll es doch wäre, verheiratet zu sein. Scheiß Ehegattensplitting. Ende der Diskussion.

Ich sah die Abwärtsspirale schon vor mir: Wir heiraten (Steuerklasse vier). Wir bekommen ein Baby. Wir wechseln die Steuerklasse (Er: drei. Ich: fünf). Ich mache ein Jahr Babypause (Elternzeit mit Elterngeld). Ich wechsle in Teilzeit (in etwa zwanzig bis dreißig Stunden). Ich verdiene nun wesentlich weniger als mein Partner (und habe noch weniger Argumente, warum er weniger arbeiten sollte). Ich bekomme bei der Arbeit immer weniger Verantwortung übertragen. Meine beruflichen Perspektiven sinken auf einen Tiefpunkt. Meine Karriere ist im Arsch.

Doch hätte ich das Problem wirklich umgehen können, wenn ich mit achtzehn aus strategischen Gründen einen Beruf gewählt hätte, der mir garantiert hätte, dass ich beim Zeitpunkt der Kinderzeugung mehr Geld verdienen würde als mein Partner?

Damit ich sagen könnte: »Schatz, tut mir leid, aber überleg doch mal! Ganz rational betrachtet ist es doch vernünftiger, *du* machst Babypause. Übernimm du doch hauptverantwortlich die Kinderbetreuung. Wechsel doch einfach in Teilzeit und ruinier dir *deine* Karriere.«

Nein, das kann definitiv nicht die Lösung sein.

Erstens kann niemand Mädchen ernsthaft raten, ausschließlich hoch bezahlte Ingenieurjobs zu wählen, denn wer soll dann als Erzieher oder Krankenpfleger arbeiten? Irgendjemand muss auch diese Aufgaben in der Gesellschaft übernehmen und warum dann nicht diejenigen, die es gerne tun? Ganz abgesehen davon: Diese für die Gesellschaft hochwichtigen Berufe müssen besser bezahlt werden. Wir müssen diese Aufgaben wertschätzen und die wichtige Leistung für unsere Gesellschaft auch monetär belohnen!

Zweitens löst die Berufswahl der Mädchen nicht das grundsätzliche Problem, dass Familie und Beruf nach wie vor unvereinbar zu sein scheinen, sondern verlagert es nur auf das andere Geschlecht.

Die Schuld am Gender Pay Gap mag zum Teil also unserer Berufswahl geschuldet sein. Uns scheint die Freude am Job wichtiger zu sein als die Bezahlung. Wir leisten lieber einen Beitrag zum Wohl der Gesellschaft, als Entscheidungen zu treffen, die ihr schaden könnten (aber dem wirtschaftlichen Erfolg des Unternehmens dienen). Wir sind so schrecklich soziale Wesen!

Wir können mit der schlechteren Bezahlung offensichtlich ganz gut leben.

Wir können aber nicht damit leben, wenn sie gegen uns verwendet wird.

Das gilt auch für unsere Partner. Die Erziehung unserer Kinder betrifft beide: Mütter und Väter.

Die Erziehungsleistung der Väter

Der moderne Mann sieht sich heute in einer anderen familiären Rolle als die Generation vor ihm. Er muss heute kein Machotyp mehr sein, der als Alleinverdiener die finanzielle Verantwortung für eine Familie trägt und sich rein auf sein berufliches Fortkommen konzentrieren kann (oder muss). Der Mann von heute ist weniger auf Erfolg als auf individuelles Glück gepolt und legt Wert auf ein gleichberechtigtes Miteinander.

So die Theorie.

Tatsächlich sind Männer heute in Bezug auf Kindererziehung deutlich involvierter als noch ihre Väter. Doch wie viele Väter Elternzeit nehmen und ihre Arbeit pausieren, um sich um den Nachwuchs zu kümmern, ist statistisch nicht erfasst. Somit gibt es keine belastbaren Zahlen, die Männern eine gleichgestellte Rolle in der Kindererziehung bescheinigen.

Man weiß allerdings, dass immer mehr Väter Elterngeld beantragen, mit stark steigender Tendenz. Durchschnittlich beziehen sie die Leistungen aber deutlich kürzer, und es ist noch nicht ermittelt, ob es sich dabei um das volle Elterngeld ohne zusätzliche Bezüge aus Erwerbstätigkeit handelt oder um Elterngeld Plus, das das Arbeiten in Teilzeit erlaubt. Mütter nehmen deutlich mehr Elterngeld in Anspruch.

Nun ist es biologisch uns Frauen in die Wiege gelegt, dass wir – zumindest wenn wir stillen – die erste Bezugsperson eines Neugeborenen sind. Die ersten Monate braucht der neue Erdbewohner eigentlich nur seine Mutter – rund um die Uhr. Dabei kann der Vater sich aber durchaus nützlich machen: Windeln wechseln, kuscheln und baden geht auch ohne Milch in der Brust. Auch Essen kochen und Haushalt führen sorgt für Entlastung. Bei Flaschenkindern kann der Papa sogar das Füttern übernehmen und der biologische Unterschied hat sich damit erledigt.

Die Gründe, warum sich Mütter tendenziell die ersten Monate in Vollzeit der Kinderbetreuung widmen, sind vielfältig und auch nicht weiter verwerflich: Stillen (biologischer Unterschied), Hormone (hatten wir schon), Gender Pay Gap (hatten wir auch schon) oder einfach Lust darauf, sein Kind aufwachsen zu sehen.

Die Gründe, warum noch immer die Mehrheit aller Väter *kein* Elterngeld beantragt, sind ebenso vielfältig.

Das Elterngeld reicht selten aus, um den Lebensstandard einer Familie zu finanzieren. Gerade in Großstädten sind meist beide Elternteile gezwungen, etwas zum Familieneinkommen beizusteuern. Verdient der Mann dann noch mehr als die Frau, will wohl überlegt sein, auf wessen Gehalt vorübergehend verzichtet werden kann.

Ferner verzichten Väter auf Elternzeit, da sie teilweise noch immer auf wenig Akzeptanz im Berufsalltag stoßen. Zu groß ist offenbar die Angst vor karrieretechnischen Nachteilen, obgleich viele Väter gerne mehr Zeit mit ihren Kindern verbringen würden. Und so bemühen sich Jungväter redlich, doch das Ergebnis ist bis auf wenige Ausnahmen noch immer beklagenswert. Sie lassen sich auf die Schulter klopfen für genommene Elternzeit, die in Wahrheit als zweimonatiger Urlaub mit der Familie abgefeiert wird. Ist der Alltag eingekehrt, dominieren traditionelle Rollenbilder zu Lasten der Frau.

Noch immer sind es größtenteils die Mütter, die die Hauptlast der Kindererziehung tragen, obwohl sie in anderen Lebensbereichen längst gleichgestellt sind und ihren Partnern viel Verantwortung abnehmen, die diese früher alleine tragen mussten. Die Last und das Risiko der finanziellen Versorgung liegen längst nicht mehr allein auf dem männlichen Familienoberhaupt. Und trotzdem sind es meist die Mütter, die unter der Doppelbelastung leiden.

Wann hat man zuletzt gehört, wie ein werdender Vater gefragt wurde, wie er Kind und Karriere am besten vereinbaren kann?

Urlaub mit Kindern

Andere haben Kinder. Wir fahren in den Urlaub.

Letztes Jahr im Sommer am Frankfurter Flughafen: Mein Lebensgefährte und ich saßen am Gate und warteten auf den Boarding-Aufruf für die Maschine nach Palma de Mallorca. Zwei Wochen Jahresurlaub für zwei Vertreter der hart arbeitenden und ausgebeuteten Karriere-Generation-X.

Im Marketing-Fachjargon nennt man uns »DINKs« (Double Income No Kids), was übersetzt so viel bedeutet wie: Unser einziges Vermögen ist unser Human Capital und das Damoklesschwert namens Burnout sinkt jedes Jahr ein paar Zentimeter tiefer.

Wir saßen also am Gate und versuchten, uns gedanklich und emotional auf zwei Wochen Urlaub einzustellen. Mir gelang das besser als meinem Freund.

Unser Urlaubziel war zwar unkreativ, aber für mich ein Wohlfühl-Garant. Mallorca hat viele Vorzüge. Die Temperaturen sind im Sommer angenehm heiß. Mein Urlaubsspanisch reicht zur Verständigung, ich muss auch im Ausland nicht auf Vollkornbrot verzichten und bei unerwartet auftretenden Krankheiten oder Verletzungen hilft ein deutschsprachiger Arzt.

Mallorca ist schön. Und nur etwa zwei Stunden Flugzeit entfernt.

Mai und September sind unsere bevorzugten Reisezeiten, denn wir meiden bei der Urlaubsplanung die Schulferien wie Kondensmilch im Kaffee. Kindergeschrei am Strand überschreitet in den meisten Fällen eine tolerierbare Dezibelgrenze, und die Eltern sind nicht besser als die Sprösslinge selbst. Spätestens wenn Kinder quer durch Restaurants rennen, ohne dass ihre Eltern auch nur annähernd Handlungsinitiative zeigen, spüre ich in mir den unbändigen Wunsch zur Maßregelung. Ich spüre, wie sich intuitiv meine Eierstöcke zusammenziehen, als ob sie jegliche Fortpflanzung für immer verweigern möchten.

Andere haben Kinder, wir fahren in den Urlaub.

Dachte ich jedenfalls.

Denn beim Anblick unserer Mitreisenden am Gate musste ich erkennen, dass die Aussage nicht konsequent zu Ende gedacht war. Offensichtlich hatten andere Kinder und fuhren trotzdem in den Urlaub. Ich sah junge Eltern, Babys und Kleinkinder wohin mein Auge blickte.

Meine subjektive Wahrnehmung ließ mich an den statistischen Zahlen zweifeln. Bekamen wir Frauen in Deutschland wirklich zu wenig Kinder?

Gefühlt befanden sich die Bewohner aller Neubaugebiete aus dreihundertfünfzig Kilometer Umkreis des Frankfurter Flughafens auf dem Weg nach Mallorca. Auch junge Familien hatten die Baleareninsel für sich als Urlaubsdomizil auserkoren!

Der Fehler lag bei uns, wir hatten bei unserer Urlaubsplanung nur Schulkinder berücksichtigt. Dass Kleinkinder heutzutage aber auch fliegen, und Familien nicht mit dem großen Kombi zum Camping an den Gardasee fahren wie wir früher, hatten wir nicht bedacht.

Mein Freund war nervös, denn er fliegt nicht gerne und reist für gewöhnlich mit dem eigenen Auto. Ich hatte uns Plätze weit vorne im Flugzeug reserviert, da es sich dort deutlich angenehmer flog als auf den hinteren Reihen.

Der Flieger hatte Verspätung. Die armen Babys. Armer Mann.

Ich wartete geduldig. Ich hatte schließlich Urlaub.

Die Kinder wurden allmählich müde und drehten auf, rannten durch die Gänge, krabbelten unter Sitzbänke oder jammerten, was das Zeug hielt.

»Jonas, komm bitte von der Bank runter.«

»Emilia, bitte bleib sitzen!«

»Niklas, kommst du her!«

Wartezeiten am Gate sind fast so anstrengend wie Murmelbahnen-Bauen.

Mit über hundertzwanzig Minuten Verspätung durften wir endlich boarden.

Es war schon spät, wir würden nicht vor Mitternacht auf Mallorca sein. Einige Eltern waren nervös und man merkte ihnen an, dass ihre sorgfältige Planung durchkreuzt worden war.

Von Berufswegen bin ich den Umgang mit unvorhergesehenen Ereignissen gewohnt, aber selbst mir ging der

Zeitverzug auf die Nerven. Und ich musste keine Kinder versorgen und bei Laune halten.

Wir stiegen in den Flieger und es dauerte keine Sekunde bis ich erkannte, dass auch junge Eltern den vorderen Flugzeugteil zu schätzen wussten. Es ruckelt eben weniger.

Arme Babys. Armer Mann.

Wir saßen nebeneinander in einer Reihe auf zwei Plätzen, die durch den Gang getrennt waren. Rechts von mir: ein junges Paar. Links von meinem Freund: ein junges Paar mit Säugling. Das arme Ding schrie sich die Seele aus dem Hals, der Kopf tomatenrot und die Eltern peinlich berührt. Jegliche Beruhigungsversuche schienen von vornherein zum Scheitern verurteilt. Das Baby war übermüdet, die Eltern überfordert.

Die Frequenz des Babygeschreis schien auch andere zu infizieren, denn plötzlich schwangen andere Kleinkinder mit ein.

Ich lächelte geduldig. Ich hatte Urlaub.

Auch ohne eigene Kinder konnte ich mich in die Situation einfühlen und sehen, wie verzweifelt die jungen Eltern sich bemühten. Hin- und hergerissen zwischen der Sorge um das Wohlergehen ihres Babys und um die Geduld der Mitreisenden versuchten sie der Situation Herr zu werden.

Sie taten mir leid.

Die Geräuschkulisse war allerdings quälend und es kostete mich Mühe, das Lächeln aufrechtzuerhalten. Aber ich blieb tapfer.

Doch was machte meine Urlaubsbegleitung?

Er sah mich mit weit aufgerissenen Augen an, als ob ich den Krach zu verantworten hätte. Seine Körpersprache schrie »Hilf mir!« und »Ich bringe sie um!« Er machte einen unüberhörbaren Seufzer und ließ seine Sitznachbarn unverblümt seine Missgunst spüren. Wenn Blicke töten könnten – das Baby wäre schlagartig still gewesen.

Langsam spürte auch ich Wut in mir hochsteigen. Aber nicht auf das Baby – das arme Ding konnte nun wirklich am allerwenigsten dafür. Auch nicht auf die Eltern, die mir wirklich aufrichtig leidtaten. Die Wut richtete sich gegen meinen übel gelaunten Freund, der sich im Gegensatz zu mir keinerlei Mühe gab, die Situation souverän zu meistern.

»Willst du, lieber Schatz, etwa Campingurlaub am Gardasee machen?«, fragte ich meinen Freund und warf ihm ein zuckersüßes Lächeln zu.

»NEIN. Wie kommst du denn jetzt da drauf?«

»Und was machen wir, wenn wir Kinder haben?«, fragte ich provokant.

»Wir haben ja keine!«, brüllte er.

Richtig. Wir hatten keine. Wir fuhren ja in den Urlaub.

Und wenn ich mir recht überlegte, war das auch gut so. Denn die Alternativen, die sich vor meinem geistigen Auge auftaten, waren beide nicht wirklich attraktiv: Entweder ich habe einen extrem angespannten Freund und Vater meines Kindes neben mir im Flugzeug, dessen Laune bei jedem Mucks unseres Kindes absinkt wie die Temperaturen bei Hagelschlag. Oder ich mache nur noch Campingurlaub am Gardasee.

Die Putzfrau und die Nanny

Einen potenziellen Partner zu finden, ist eine Disziplin für sich und soll an dieser Stelle nicht weiter ausgeführt werden.

Eine Partnerschaft einzugehen, wenn man verliebt ist, ist im Vergleich dazu ein leichtes Spiel, auch wenn man vielleicht im Vorfeld um die eigene Unabhängigkeit bangt.

Das Schwierigste ist jedoch, eine Partnerschaft über den Zeitraum des endorphingestützten Verliebtseins hinaus zu führen und Tag für Tag, Monat für Monat und Jahr für Jahr zu bejahen. Sie zu hegen und zu pflegen, sie weiterzuentwickeln und in Balance zu halten.

Es ist keine Frage des Glücks oder Schicksals, ob eine Beziehung hält. Es ist eine Frage des Könnens und Wollens.

Das Dumme ist nur, dass mal der eine, mal der andere mehr kann und will. Selten haben Paare exakt das gleiche Tempo und schwingen auch emotional absolut parallel. Und so müssen Beziehungen auch Phasen überwinden können, in denen die Bereitschaft und das Engagement in das gemeinsam zu bestellende Beziehungsfeld beim einen mehr, beim anderen geringer ausfällt.

In meinem Fall kommt eine unglückliche Komponente dazu, die mich leider zeitlebens dazu verdammt, immer das Gefühl zu haben, mehr zu leisten als der Gegenpart: Ich bin ein harmoniebedürftiger Nähemensch.

Im Gegensatz zu meinen Partnern, die in der Regel Distanzmenschen sind und es sich – sagen wir mal vorsichtig –

leisten, etwas pampiger und launischer durchs Leben zu gehen.

So kostet es mich in eigentlich jeder Beziehung, die ich seit meinem Erwachsenendasein führe, viel Energie, das harmonische Gleichgewicht darin zu halten. Natürlich gibt es – um nicht pauschal von mir auf die Rollen von Frauen und Männern im Allgemeinen zu schließen – diese Rollenverteilung auch andersherum. Doch ganz egal, wer derjenige in der Beziehung ist, der das Harmoniestreben mitbringt, er hat im Regelfall die Arschkarte. (Und tada! Ich war bei der Verteilung der Karten ganz vorne dabei.)

Ich bin diejenige, die nach einer Auseinandersetzung versöhnliche Töne anstimmt. Ich muss die Launen meines Freundes wegbeißen, um Eskalation zu vermeiden, während er es sich mit luxuriöser Regelmäßigkeit leistet, seine Stimmungen auszuleben. Ohne sich Gedanken zu machen, ob das unserer Beziehung gerade guttut.

Ich beneide Frauen, die in ihrer Partnerschaft die Rolle der Diva beanspruchen und die Männer um sich herumtanzen lassen wie balzende Fasane. Einfach raus mit der Laune, und die Verantwortung für den Lauf der Beziehung an den Partner abgeben. Und wenn er nicht spurt, dann der Nächste, bitte!

Bei uns ist die Rollenverteilung dummerweise anders: Er ist die Diva, ich das Kuscheltier.

Und das liegt unter anderem an seinem Talent, Missverständnisse und schlechte Stimmung zwischen uns länger zu ertragen und auch mal aussitzen zu können, ohne dass es ihm etwas auszumachen scheint. Ich hingegen halte keine Stunde aus, die wir böse miteinander sind. Ich leide dann fürchterlich!

Um dieses Gefühl nicht ertragen zu müssen, gebe ich nach – und ihm sogar manchmal recht, auch wenn er es nicht hat.

Vermutlich wäre ich entspannter, wenn ich allein wäre.

Dann müsste ich mich nicht um meine Partner bemühen und könnte die ganze Energie, die ich in meine Beziehungen investiere, für andere Dinge nutzen. Weltverändernde Erfindungen zum Klimaschutz zum Beispiel. Oder unglaublich viel Geld verdienen als Vorstandsfrau eines Dax-Konzerns.

Doch vermutlich wäre ich damit auch sehr einsam und gelangweilt. Ein Nähemensch ohne Nähe ist wie eine Tausendfünfhundert-Kilokalorien-Diät.

Man kann davon leben, aber Spaß macht es nicht.

Auch wenn es sich unromantisch anhört, aber Beziehungen sind Arbeit. Und diese ist per Definition eine plan- und zweckgerichtete Tätigkeit. Für oder gegen Liebe kann man nicht viel tun, für eine Partnerschaft sehr wohl.

Nun bin ich mit fast vierzig nicht mehr ganz unerfahren, was partnerschaftliche Bindungen betrifft, und ich finde, mein Freund und ich leisten gute Arbeit.

Wir arbeiten zwar viel, aber das Ergebnis ist zufriedenstellend. Oder mit anderen Worten: Das Kosten-Nutzen-Verhältnis ist gut. Unsere Zweierbeziehung läuft fast wie ein Perpetuum mobile, ohne die Zufuhr von übermäßig viel

Energie, die man nicht hat oder aufbringen möchte. So halten wir unser gut eingespieltes System am Laufen.

Doch was passiert, wenn plötzlich drei oder mehr Planeten in unserem Sonnensystem kreisen und ausbalanciert werden wollen?

Ein Kind betritt die Bühne und bringt zunächst einmal alles, was wir in jahrelanger Beziehungsarbeit erreicht haben, gehörig durcheinander. Gerade die erste Zeit möchte unser Nachwuchs rund um die Uhr betreut werden. Diese Tatsache würde mindestens am Anfang Aufmerksamkeit von mir (und auch meinem Freund) abziehen, die ich nicht mehr in unsere Beziehung geben könnte. Mein Bemühen gilt dann vermutlich in erster Linie unserem Kind. Kann ohne mich ja nicht überleben. Und da mich das Anstrengung kosten wird, werde ich auch mal launisch sein, bisweilen unfair, zumindest übernächtigt und mit Sicherheit auch ab und an überfordert. Und mein Freund wird mir erfahrungsgemäß meine Launen übelnehmen, während er selbst sich gerne mal verhält wie der Elefant im Porzellanladen. Und plötzlich wird das Perpetuum mobile unserer Paarbeziehung zum spritschluckenden SUV im Stadtverkehr: katastrophale Energiebilanz mit absehbarem Ende der Ressourcen. Meiner Ressourcen. Ich gebe uns maximal drei Jahre. Danach sind wir geschiedene Leute.

Als ich vor vier Jahren mit meinem Lebensgefährten zusammenzog, lösten wir beide unsere Single-Wohnungen zugunsten eines gemeinsamen Zuhauses auf. Erstaunlich

schnell einigten wir uns auf die gemeinsamen Einrichtungs-
gegenstände, zum Glück haben wir einen sehr ähnlichen
Geschmack.

Von Anfang an war klar, dass bestimmte Aufgaben
in meinen Verantwortungsbereich fallen würden, wie beispielsweise Einkaufen und Kochen. Für mich ist Essenzu-
bereitung ein Hobby und er war ein dankbarer Abnehmer
meiner Kochkünste. Es machte mir nichts aus, dass diese
Tätigkeit (mit anschließendem Aufräumen) in mein Revier
fiel.

Mein Anspruch auf Sauberkeit war allerdings höher
als der meines neuen Mitbewohners und ich sah ein, dass
er nicht als Erfüllungsgehilfe meiner Perfektion herhalten
durfte. Insofern gewöhnte ich mich an den Umstand, dass
ich von jeher mehr in Haushalt, Ordnung und Sauberkeit
investierte als er.

Mit der Verantwortung für das Am-Laufen-Halten des
Haushalts erklärte ich mich einverstanden.

Was mir missfiel war, dass ich samstags stundenlang
putzte, während mann sich Freizeit gönnte. Ich investierte
Urlaubstage in Fensterputzen und Frühjahrsputz, er in Fahrradausflüge und Tage auf dem Sofa.

Dieser Umstand führte unweigerlich zu Auseinander-
setzungen, zumal ich nicht sah, welche Aufgaben er im
Gegenzug übernahm. Wir teilten sämtliche Kosten für
Miete, Strom, Telefon und Haushalt, immerhin waren
wir beide berufstätig und verdienten beide Geld. Dennoch lagen achtzig Prozent der Haushaltsführung bei mir

und ich war nicht bereit, diese Ungerechtigkeit hinzunehmen. Immerhin war ich emanzipiert genug, für die Hälfte der Lebenshaltungskosten aufkommen zu können und erwartete im Gegenzug von ihm, dass er sich mehr einbrachte.

Ich erinnere mich an eine Situation, in der ein kaputter Wasserhahn, der einer Entkalkung oder Ähnliches bedurft hätte, zu wochenlangem Streit zwischen uns führte. Handwerkliche Tätigkeiten liegen meinem Freund nicht und er war nicht bestrebt, sie zu erlernen.

Irgendwann platzte mir der Kragen und ich organisierte einen Handwerker. Die Rechnung legte ich ihm mit einer Zahlungsaufforderung auf den Schreibtisch. Er zahlte widerwillig. Jedoch nicht, ohne sich lautstark zu beklagen.

Wir beide merkten, dass unsere Streitereien wegen der Haushaltsführung nicht enden wollten. Er weigerte sich mit Vehemenz, sich von mir zu einem Hausmann verbiegen zu lassen, der er nicht sein wollte. Ich fand die bisherige (nicht vorhandene) Verteilung einfach nur ungerecht.

Wir suchten nach Lösungen und engagierten schließlich eine Putzhilfe, die zumindest einen Teil des Haushalts übernahm. Auch wenn die verbliebenen Aufgaben immer noch mehrheitlich von mir erledigt wurden, nahm dieser Schritt viel Spannung aus der Beziehung.

Dennoch, die vielen Diskussionen über anfallende und in meinen Augen von beiden Beteiligten gleichermaßen zu leistende Arbeiten hinterließen Spuren in Bezug auf eine mögliche Familiengründung. Berufstätig zu sein, einen Zwei-Personen-Haushalt zu führen und seine Freizeit zu gestalten, erscheint einfach angesichts der Herausforderungen, die ein Kind mit in den Alltag bringt.

Ein Paar, das Nachwuchs bekommt, muss bedingungslos funktionieren. Wenn keiner von beiden nach kürzester Zeit ins Burnout rutschen möchte, müssen die Hände ineinandergreifen. Beide sind genötigt, ihre Bedürfnisse hintanzustellen. Hat einer das Gefühl, dass er mehr gibt als der andere, führt dies unwillkürlich zu Spannungen, die im Laufe der Jahre möglicherweise schwer aufgelöst werden können.

Wenn ich heute schon weiß, dass achtzig Prozent der Haushaltsführung bei mir liegt, dann kann ich hochrechnen, dass auch achtzig Prozent der Kinderversorgung in meinen Händen liegen werden.

Und die Erziehung des Kindes lässt sich nicht so einfach auslagern wie das Reinigen einer Wohnung. Zweifelsfrei ist es etwas anderes, sein Kind in fremde Hände zu geben, nur um mögliche Spannungen mit dem Partner aufgrund von ungerechter Arbeitsteilung zu vermeiden.

Und genau dieser Punkt lässt mich doch zu dem Schluss kommen, dass es letztlich an mir allein liegt, die Kinder-Frage zu entscheiden. Will ich die achtzig Prozent geben, und reicht meine Energie dafür aus?

Bin ich sicher, dass ich trotz des Wissens um die Gegebenheiten nicht irgendwann meinen Partner für meine Bedürftigkeit beschuldige?

Der Pfandflaschen-Test

Pfandflaschen sind eine großartige Erfindung. Sie reduzieren Müll und halten den Kreislauf der Wiederverwendung am Laufen. Leider sind Pfandflaschen auch eine Belastungsprobe für unsere Beziehung.

Wir rekapitulieren: Haushaltsarbeit verteilen mein Freund und ich (unfreiwillig) im Verhältnis achtzig zu zwanzig, das heißt, ich mache fast alles und er fast nichts.

Müll heruntertragen und Pfandflaschen entsorgen gehören traditionell in sein Aufgabengebiet und ich habe keinen Impuls mich in der Angelegenheit besonders emanzipiert zu zeigen. Ich bin ja froh, dass er überhaupt irgendetwas tut. Und wenn er sich nicht um den Putzlappen im Badezimmer reißt und stattdessen männlich anmutende Haushaltsaufgaben verrichtet, soll es mir recht sein.

Das mit dem Müll funktioniert einigermaßen gut, das mit dem Leergutwegbringen weniger.

Hier ein Beispiel aus der jüngsten Vergangenheit.

Nach einer Party, die wir gegeben hatten, stand bei uns jede Menge Leergut herum und wartete auf eine Rückgabe an den Getränkemarkt. Die Kisten verstopften nun seit zwei Wochen unsere ohnehin viel zu kleine Abstellkammer.

»Schatz, würdest du morgen die Pfandflaschen mitnehmen?«

»Hä?« Sein Fernsehprogramm schien wichtige Nachrichten zu verkünden, so vertieft war er in den flackernden Bildschirm.

»Die Pfandflaschen wegbringen? Morgen?«, wiederholte ich.

»Ach so«, antwortete er. »Muss das sein?«

»Ja.«

»Okay, mach ich«, versprach er schließlich.

Nun sind die Pfandflaschen in der Abstellkammer ja gut versteckt und liegen nicht unbedingt im Sichtfeld meines männlichen Mitbewohners. Erst recht liegen sie nicht auf seinem morgendlichen Weg zur Wohnungstür. So kam es, dass er am nächsten Tag natürlich vergaß, das Leergut in sein Auto zu laden.

Macht nichts, kann jedem mal passieren.

Am Abend dann wieder meine kleine Erinnerung.

»Schatz, die Pfandflaschen?«

»Ach, Mist, ja, mach ich«, antwortete er, ohne den Blick vom iPad zu lösen.

»Wirklich?«

»Ja, morgen«, bestätigte er, um sein Versprechen drei Sekunden später wieder zurückzunehmen, da er am darauffolgenden Tag zu einem Kundentermin fahren würde und unmöglich mit sichtbaren Kisten im Kofferraum dort vorfahren könne.

»Übermorgen dann?«

»Jaaaha ...«, antwortete er genervt.

Bin ich seine Mutter??

Also übte ich mich in Geduld und wartete auf übermorgen.

Doch auch der übernächste Tag brachte keine Wendung. Stattdessen schaffte es mein Freund abends auch noch, die bereits vollen Getränkekisten mit zusätzlichen Flaschen zu befüllen, die kreuz und quer aus der Kiste hinausragten. Pfandflaschen und Einwegflaschen munter gemischt.

Ich schluckte meinen Unmut herunter. Schließlich hatte ich nicht das Recht, ihm zeitlich vorzuschreiben, wann er seinen Teil der Hausarbeit zu verrichten hatte. Ich musste lernen zu akzeptieren, dass jeder ein eigenes Tempo hat. Das Ergebnis zählte. Nämlich, dass er diese dämlichen Pfandflaschen endlich wegbrachte. (Ommm ...!)

So ganz konnte ich meinen Ärger über das nicht eingehaltene Versprechen dann aber doch nicht unterdrücken und wählte eine ziemlich fiese Art, mich mitzuteilen: Jedes Mal, wenn ich die Abstellkammer öffnete, stieß ich ein entnervtes Seufzen aus, klapperte mit den Flaschen oder beklagte mich lautstark über den Platzmangel in unserer Wohnung.

Doch mein Groll auf sein Nichtstun verhallte irgendwo zwischen Ohr links und Ohr rechts. In seinem Kopf schien meine Botschaft nicht anzukommen.

Drei Wochen wartete ich, bis mir schließlich komplett der Kragen platzte. Entnervt warf ich ihm vor, dass er ein verwöhntes Muttersöhnchen sei, das es mit der Gleichstellung hielt wie mit dem Schutz des Klimas: Wollen tun wir es ja alle, aber bitte nicht auf eigene Kosten!

»Was ist dein Wort wert, wenn du mir jeden Tag aufs Neue versprichst, die Flaschen zu entsorgen und es drei Wochen lang nicht tust?!« Ich schrie ihn an: »Wie wird es sein, wenn wir Eltern sind und du dein Kind vom Kindergarten abholen sollst? Versprichst du das auch und vergisst es dann einfach? Wie soll ich darauf vertrauen, dass du mit mir die Verantwortung für Kindererziehung teilst, wenn du es noch nicht mal schaffst, die blöden Pfandflaschen wegzubringen?!« Ich war in Rage. Hochroter Kopf, angespannte Körperhaltung, außer mir vor Wut und bitterböse enttäuscht.

Er guckte mich ungläubig an.

»Wie kommst du denn jetzt auf Kinder?«, fragte er.

»Na, weil Vertrauen in einer Beziehung wichtig ist, wenn man gemeinsam Kinder erzieht!«, schrie ich zurück und verstand nicht, warum das nicht offensichtlich war. »Weil ich keine Lust habe, mich um alles kümmern zu müssen, und ständig in Sorge leben muss, dass du deinen Teil der Kindererziehung nicht erledigst. Obwohl du mir schon vor drei Wochen versprochen hast, die Flaschen wegzubringen!!«

Zugegeben, jetzt wurde ich unlogisch.

»Und was haben Pfandflaschen deiner Meinung nach mit Kindern gemeinsam?«, fragte er, ohne meine Antwort abzuwarten. »Du glaubst doch nicht ernsthaft, dass Pfandflaschen für mich eine ähnliche Priorität haben wie Kinder!« Jetzt wurde er ebenfalls zornig. Ich hatte ihn mit meinem Pfandflaschen-Kinder-Vergleich offenbar beleidigt.

Der Abend endete in einer sehr langen und überflüssigen Diskussion über Kinder, Hausarbeit, seine Faulheit und meinen Perfektionismus. Wir konnten das Thema in dieser Auseinandersetzung nicht mehr lösen, und das

Pfandflaschen-Dilemma begleitet uns mehr oder weniger bis heute.

Wir Frauen im gebärfähigen Alter sind fies. Wir unterziehen unseren Partner heimlichen Tests, von denen sie gar nicht wissen, dass sie stattfinden. Pfandflaschen-Rückgabe als Testfeld für potenzielle Vaterschaft zum Beispiel. Oder der heimlich prüfende Blick, wie er mit dem Kleinkind der befreundeten Familie umgeht. Ist er kinderlieb? Ist er ein Mann, dem ich vertrauen kann? Wird er mich auch noch lieben, wenn er sieht, wie ich ein Baby durch meine Vagina presse?

Es tut mir leid, dass ich meinem Freund ständig hinterfrage. Damit bin ich schließlich diejenige, die die Unsicherheit mit in die Beziehung bringt und unsere Partnerschaft unterbewusst immer wieder auf die Probe stellt. Und das haben wir beide nicht verdient.

Abgesehen davon, dass man mit Männern nicht über Probleme diskutieren sollte, die vielleicht in der Zukunft irgendwann mal auftreten können. Nur weil ich mich schon heute emotional in den Zustand einer überforderten Mutter versetzen kann, heißt es nicht, dass er sich auch nur annähernd vorstellen kann, wie es ist, für ein Kind zu sorgen. Er ist meilenweit davon entfernt, sich mit der Thematik auseinanderzusetzen und wird es vermutlich auch erst dann tun, wenn die Situation im Hier und Jetzt eintritt. Und keine Minute vorher. Warum auch?

Und natürlich weiß ich auch, dass mein Lebensgefährte sich mit größerem Engagement der Kindererziehung

widmen wird als der Bewältigung der Hausarbeit, Pfandflaschen inklusive. Letzteres ist ihm eben einfach nicht so
wichtig wie mir.

Neue Rollen in der Partnerschaft

Als berufstätiges Paar, in dem jeder sein eigenes Einkommen hat, leben mein Freund und ich ein gleichberechtigtes Miteinander (Hausarbeit ausgenommen). Keiner
ist abhängig vom anderen und wir können unsere Beziehung freiwillig Tag für Tag bejahen – oder eben auch
nicht.

Entscheiden wir uns, ein Kind zu zeugen, wird die neue
Aufgabe uns Rollen zuweisen, die wir mit unserer Beziehung in Einklang bringen müssen.

Dann ist mein Freund plötzlich nicht mehr der wilde
Hengst, der nachts über mich herfällt, sondern der Papa,
dem der Sohnemann gerade aufs Hemd gespuckt hat.
Und ich bin die Mama, die auf dem Bett sitzt und Milch
abpumpt.

Ganz schräg wird es dann, wenn sich die Eltern auch
gegenseitig nur noch mit »Mutti« und »Vati« anreden. Mehr
konzentrierte Beziehungsvernichtung geht nicht.

Aber auch wenn wir weiterhin bei den Vornamen blieben – mein Partner würde mich als Mutter in Situationen
erleben, die mir unangenehm sind. Und ich weiß nicht
recht, was das mit uns macht.

Irgendein Frauenmagazin auf meinem Kopfkissen hat mir einmal geraten, ich möge mir niemals – niemals! – vor meinem Partner die Beine rasieren. Sei unsexy. Und Fußnägel schneiden im Beisein des anderen, das versteht sich von selbst, sei der Super-GAU jeder Beziehung und würde jede sexuelle Interaktion für immer und ewig verhindern.

Ich weiß nicht, was am Beinerasieren so schlimm sein soll. Schließlich sehe ich ihm auch dabei zu, wie er sich mit Wattestäbchen in den Ohren rumpult und habe dabei noch nie das Gefühl gehabt, dass mein Sexualleben mit ihm deshalb gefährdet sei.

Doch Schwangerschaft, Geburt und Kindererziehung werden andere Situationen provozieren, die weit über das Kaliber des Fußnägelschneidens hinausgehen.

Zunächst muss mein Partner es aushalten, dass mein Körper andere Dimensionen annimmt. Bleibt nur zu hoffen, dass er Schwangere nicht so unförmig findet wie ich, sondern mehr tickt wie normale Menschen, die die Proportionen weniger befremdlich finden. Doch wie wird er reagieren, wenn meine Beine und Füße voll sind mit Wasser und die Socken solche Ringe hinterlassen, als wäre ich gerade für die Michelin-Männchen-Werbung gecastet worden?

Vermutlich werde ich selbst schon genug unter der Veränderung meines Körpers zu leiden haben. Wenn ich dann noch merken würde, dass er ebenso wenig damit zurechtkäme, wäre das für mich eine furchtbare Belastung.

Und irgendwann will dieses Baby ja auch raus. Bekanntlich ist der populärste Kanal dafür meine Vagina, die bis dato nur andersherum benutzt wurde.

Und auch wenn ich ihm den Anblick gerne ersparen würde, glaube ich nicht, dass ich auf meinen Lebensgefährten im Kreißsaal verzichten möchte und ihn lieber mit seinen Freunden in der Kneipe sähe, bis das Spektakel vorüber ist. Irgendwie möchte ich, dass er dabei ist, um sich um mich zu kümmern. Und ich möchte auch, dass er diese Erfahrung mit mir teilt.

Auch wenn ich ihn dazu anhalten kann, keinen frontalen Blick auf das herausplumpsende, mit Blut und allem anderen überzogene Baby zu werfen, kann ich das Kopfkino schlecht verhindern. So eine Geburt kann ganz schön eklig sein ... Ich habe Sorge, dass sich dieses Erlebnis negativ auf unsere Beziehung auswirken wird. Ich kenne Paare, da waren es die Männer, die nach der Geburt des Kindes jahrelang nicht mehr sexuell zu animieren waren. Die Mütter fanden erstaunlich schnell in ihre Rolle als Partnerin zurück und waren gerne bereit, ihr Mutterdasein für einen Moment an der Schlafzimmertür abzugeben. Aber die Väter nahmen ihre Frauen nur noch in der mütterlichen Rolle wahr. Sie befriedigte schließlich die Bedürfnisse des Nachwuchses. Und dieses lebenserhaltende, aufopfernde Wesen konnte man ja schlecht durchvögeln wie eine Sexarbeiterin.

Vielleicht sollte ich meinen Freund schon mal vorbereiten und anfangen, meine Beine in seinem Beisein zu rasieren. Oder in der Nase zu popeln oder ähnliches. Damit er nicht ganz so schockiert ist, wenn er mich gebärend im Kreißsaal erleben muss.

Neue Abhängigkeiten

Ich bin eine moderne, unabhängige Frau. Finanziell stehe ich auf eigenen Beinen und bin weder gesetzlich noch kulturell gezwungen, mich partnerschaftlichen Beziehungen hinzugeben.

Unabhängigkeit ist ein sehr angenehmer Zustand, den man ungerne wieder aufgibt, wenn man sich an ihn gewöhnt hat.

Ein Säugling ist besonders in den ersten Lebensmonaten und -jahren in hohem Maße abhängig von seinen Eltern. Im Gegensatz zu manch anderen Säugetieren, die mit allen Fertigkeiten geboren werden, die sie zum Überleben brauchen, sind Menschenbabys nach der Geburt allein nicht überlebensfähig und müssen viele Fähigkeiten erst erlernen. Das schafft eine Abhängigkeit und Verantwortung, die mancher Mutter gerade in den ersten Wochen schwer zu schaffen macht. Nie mehr sorgenfrei, nie mehr allein.

Aber nicht nur die starke und lebenswichtige Abhängigkeit zwischen Mutter und Kind wäre für mich ungewohnt und mit Sicherheit auch belastend, sondern darüber hinaus auch die, die in meiner Partnerschaft entstünde.

Aus bereits erwähnten Gründen wäre ich es, die den Großteil der Elternzeit nimmt und beruflich kürzertritt.

Das bedeutet, dass ich finanziell nicht mehr den gleichen Beitrag leisten könnte wie vorher. Es wäre ungewohnt für mich, auf das Geld meines Freundes angewiesen zu sein und ich würde mich schwertun, etwas nur für mich zu kaufen, das er bezahlt und nicht ich. Einen Besuch beim Friseur zum Beispiel oder ein Paar neue Schuhe.

Auch für ihn wird es eine Umgewöhnung sein, plötzlich mehr teilen zu müssen als vorher.

Bisher war unser finanzielles Verhältnis entspannt. Mal zahlte der eine, mal der andere. Unsere Haushaltskosten haben wir einigermaßen gleich verteilt. Das würde sich ändern, zumindest für eine gewisse Zeit. Auch war ich bisher für die Absicherung meiner finanziellen Zukunft selbst verantwortlich, was dann in unsere gemeinsame Verantwortung fallen würde.

Neben dem Finanziellen wären noch andere Herausforderungen zu meistern, die ein Ungleichgewicht in die Beziehung bringen könnten. Was zum Beispiel erwarte ich, wenn mein Freund nach einem langen Arbeitstag nach Hause kommt? Bin ich froh, dass endlich jemand da ist, dem ich das Kind in die Arme drücken und selbst eine Runde schlafen kann? Erwartet er im Gegenzug für sein berufliches und finanzielles Engagement, dass ich mich komplett um Haushalt und Kind kümmere?

Wie werde ich mich damit fühlen?

Zweifelsohne würde ein Kind unser gleichberechtigtes Dasein durcheinanderwirbeln und von uns beiden erhebliche Anstrengungen verlangen, tolerant dem anderen gegenüber zu sein und Verständnis für seine Rolle und seine Bedürfnisse zu zeigen. Und ich würde lernen müssen, mich vertrauensvoll in die Abhängigkeit meines Partners zu begeben. Wird vermutlich nicht das letzte Mal im Leben sein, dass man auf Unterstützung anderer angewiesen sein wird.

Der Sinn des Lebens

Es liegt wohl an meinem fortgeschrittenen und bald nicht mehr gebärfähigen Alter, dass sich irgendwann in der mittleren Lebensphase die Suche nach dem Sinn und Zweck des eigenen Daseins auf diesem Planeten stellt. Nicht nur Männer durchleben eine Midlife-Crisis, auch Frauen hinterfragen sich und ihr Leben zwangsläufig irgendwann. Manch eine kauft sich vielleicht auch ein Motorrad.

Man hetzt durch seine jungen Jahre, um einen Sättigungsgrad zu erreichen, der einen irgendwann innehalten und stutzen lässt: Wozu mache ich das alles eigentlich?

Die Arbeit zum Beispiel. Meine ach so tolle Karriere lässt mich nicht mit Mitte vierzig motorbootfahrend in den Ruhestand schippern, sondern womöglich bis über siebzig buckeln und auf eine Rente hoffen, mit der ich meine Miete zahlen kann. Und sinnstiftend ist sie auch nicht.

Ich ertappe mich nicht selten bei sehr ungesunden Gedanken, die aus Wenn-Dann-Verknüpfungen bestehen: »Wenn doch bloß der Montag schon rum wäre ...«, »Wenn

bloß schon Wochenende wäre ...«, »Wenn ich diese Geschäftsreise hinter mir habe, dann ...!«

Ja, was, »dann«?

Ich kann mir doch nicht jeden Tag nur wünschen, dass
mein Leben vorbeigeht.

Im Hier und Jetzt soll ich sein. Sagt zumindest meine
Yogalehrerin, während ich beim kopfüber hängenden
Hund über die Kundenpräsentation nachdenke, die ich in
den darauffolgenden Tagen zu absolvieren habe. »Wenn
doch bloß schon Freitag wäre ...«.

Mit zwanzig steht einem gefühlt die Welt offen und man
traut sich noch, große Träume zu haben. Irgendwann,
nach ein paar Jahren, verschmälert sich der Weg nach vorn
durch die getroffenen Lebensentscheidungen immer mehr,
und riskante Kurven oder spontanes Abbiegen sind nicht
mehr so einfach drin. Meint man jedenfalls.

Mir ist in den letzten zwanzig Jahren noch etwas Anderes abhandengekommen: Die Leidenschaft, die meinem
alltäglichen Dasein früher Glanz verliehen hat.

Ich bin einfach nicht mehr so schnell zu begeistern. Und
gleichermaßen nicht mehr so schnell echauffiert. Die Am-
plitude meiner Charakterausprägung hat sich deutlich ver-
kleinert. Vielleicht bin ich inzwischen zu gelassen, vielleicht
aber auch zu gleichgültig – wer weiß.

Irgendwann fing ich auch an, häufiger über den Tod
nachzudenken und darüber, was ich der Nachwelt hinterlassen werde. Als junger Mensch ist der Tod etwas, das in

weiter Ferne liegt, sofern man nicht unmittelbar von Trauer-
fällen im nahen Umfeld konfrontiert wird oder gesundheitlich angeschlagen ist. Aber irgendwann im Laufe des Lebens merkt man, wie endlich unser Dasein ist, und dass
die zweite Lebenshälfte geprägt sein wird von Abschied.
Abschied von geliebten Menschen, Abschied vom jugendlichen Äußeren, Abschied von gesundheitlicher Robust-
heit. Es geht dann nicht mehr aufwärts, nur noch abwärts.
Und man fragt sich, was von einem bleibt, wenn man selbst
nicht mehr ist.

Von Kunstschaffenden wird es Lieder, Gemälde oder
Bücher geben, von Menschen, die in Politik oder Forschung
arbeiten, vielleicht eine Statue oder eine Straße, die nach
ihnen benannt wird. Und von mir? Allenfalls ein paar Fotos
auf einem Datenträger, die keiner angucken möchte.

Hätte ich Kinder, würde ich wenigstens meinen Gen-
pool hinterlassen.

Kinder wären außerdem ein wunderbares Ablenkungs-
manöver von all den müßigen Sinnfragen des Lebens.
Ich könnte mich in meinem durchschnittlichen und glanz-
losen Alltag mit dem Gedanken trösten, immerhin in
meine Kinder zu investieren. Denn ohne Zweifel ist das
Nachwuchszeugen und -großziehen etwas Sinnstiftendes.
Wäre das nicht eine wunderbare Ablenkung von meiner
Tristesse?

Doch genau diese Gedanken sind vermutlich der schlech-
teste Nährboden und die ungesündeste Motivation, sich
fortzupflanzen. Nach dem Motto: Was ich selbst nicht auf

die Reihe gekriegt habe, müssen meine Kinder für mich regeln!

Das kann nicht funktionieren. So ein Erwartungsdruck, noch bevor man auf der Welt ist – das arme Ding!

Doch noch bin ich kinderlos und kann mich von der Sinnfrage nicht ablenken lassen. Nackt und brutal liegen meine Themen vor mir. Ohne Ausrede und Entschuldigung muss ich sie annehmen und meine mittlere Lebensphase bewältigen wie einen Regenschauer ohne Schirm. Noch dazu habe ich ohne Kinder jede Menge Zeit, mich mit den Lebens- und Todesfragen zu beschäftigen. Ganz schön gemein.

Und sollte ich das mit dem Kinderkriegen in diesem Leben wirklich lassen, so werde ich weder mir noch irgendjemand anderem erlauben zu urteilen, ich wäre mit der Entscheidung den leichteren Weg gegangen.

Kinder passen einfach nicht

Will ich? Will ich nicht? Will ich? Will ich nicht?

Die Stimme in meinem Kopf wird ungeduldig. »Was ist denn nun?«, ruft sie genervt. »Willst du nun versuchen, Kinder zu bekommen oder willst du nicht? Entscheide dich mal!«

Ist mein Selbstgespräch vielleicht das, was man gemeinhin als »Ticken der Uhr« bezeichnet? Dann schlage ich biologisch vielleicht doch nicht so aus der Art wie vermutet.

»Und?!?« Die Stimme brüllt.

Zeit für ein Fazit: Ich bin ohne Kinder ganz zufrieden mit meinem Leben, phasenweise sogar richtig glücklich. Ich lebe in einer glücklichen und (weitgehend!) harmonischen Beziehung, und mein Freund und ich lassen es uns im Rahmen unserer Möglichkeiten gutgehen. Wir fahren in den Urlaub in kinderfreie Erwachsenenhotels, gönnen uns ab und an schöne Restaurantbesuche und ziehen gerne mal durch Bars und Clubs.

Auch mit meinem Karriereweg kann ich zufrieden sein und habe immer noch Ziele, die ich erreichen will. Ich gehe gerne arbeiten, lerne täglich neue interessante Dinge dazu und fühle mich gefordert, aber nicht übermäßig gestresst.

Ich habe Hobbys und Interessen, denen ich nachgehen kann, wann immer ich möchte, und genieße das Gefühl der Freiheit, das ich mir erst erarbeiten musste, sehr.

Kinder interessieren mich nicht so wirklich, zumindest die wenigsten. Ich weiß einfach wenig mit ihnen anzufangen und finde Erwachsene deutlich interessanter. Immerhin kann ich mich nicht erinnern, wann ich zuletzt einem Baby die Windeln gewechselt hätte.

Dafür erinnere ich mich gut an die Metamorphosen meiner Freundinnen, Kolleginnen und Mitarbeiterinnen, als sie Mutter wurden und ich sie plötzlich nicht mehr wiedererkannte. Ich habe Angst, mich hormonell bedingt ebenso zu verwandeln wie sie.

Die in Hochglanzmagazinen porträtierten Karrierefrauen, die es spielend leicht schaffen, Beruf und Karriere miteinander zu vereinbaren und dabei noch aussehen, als hätten sie gerade eine Ayurveda-Kur absolviert, machen mir keinen Mut – im Gegenteil. Sie setzen Standards, an denen ich mich nicht messen möchte. Auch ihr Tag hat nur vierundzwanzig Stunden und ist nur zu bewältigen, wenn Aufgaben ausgelagert werden. Mit viel Geld lassen sich Dienstleistungen wie kochen, putzen und bügeln einkaufen, und ich empfinde es als freiheitsberaubend, dass es mir an Unterstützung mangelt, die auch ohne Geld zu haben wäre.

Unsere familiären Strukturen sind heute anders als früher. Paare, deren Eltern nicht in der Nähe leben und bei der Erziehung der Enkel unter die Arme greifen können, müssen im Alltag organisatorisch viel bewältigen. Das Konstrukt Familie ist zumindest in unserem Großstadtleben enger gefasst, als es früher war. Es konzentriert sich auf Mutter, Vater, Kind.

Bekämen wir Kinder, wäre mein Leben, so wie ich es derzeit lebe und liebe, schlagartig vorbei. Ich wüsste nicht, wie ich meiner Vollzeit-Erwerbstätigkeit weiter nachgehen sollte und sehe meine berufliche und finanzielle Zukunft gefährdet. Ich habe Sorge, wie mein berufliches Umfeld reagieren würde, und fürchte Diskriminierung.

Ich sehe finanzielle und emotionale Abhängigkeiten, die auf meinen Partner und mich zukommen und unsere Beziehung ins Ungleichgewicht bringen.

Ich fürchte, dass ich weder von der Politik noch vom Arbeitgeber noch von meinem Partner die dringend notwendige Unterstützung erfahren werde und sehe mich für die nächsten zwanzig Jahre als gestresste und überforderte Mutter durchs Leben wandeln. Ich muss Kindergeburtstage ausrichten, ungezogene fremde Kinder tolerieren und jede Menge Kuchen backen. Ich werde keine Zeit mehr finden, meine Fingernägel zu lackieren und muss mich ständig sorgen, ob mein Kind den Tag lebend übersteht, wenn ich es nicht rund um die Uhr beaufsichtige oder die Klobrille föhne.

Ganz zu schweigen davon, dass ich erst einmal vierzig Wochen Schwangerschaft mit all dem dazugehörigen Verzicht überstehen und meinen Körper mit meinem Alien-Baby teilen muss. Bleibt zu hoffen, dass ich mich danach wieder in meinen alten Zustand zurückverwandeln kann.

Ich habe Angst, meine Entscheidung pro Familie zu bereuen und mein altes Leben zu vermissen.

Kleine Kinder, kleine Sorgen. Große Kinder, große Sorgen. Keine Kinder – keine Sorgen. So einfach ist das.

Also warum zerbreche ich mir noch weiter den Kopf und warum fällt es mir so schwer, die Entscheidung einfach zu fällen und zu den Akten zu legen? Lassen wir es doch einfach mit den Kindern!

Jedes Argument spricht dagegen.

Zumindest für mich.

Auch die Konsequenzen des Verzichts sind mir ja schon bekannt. Zur Erinnerung: Meine Eltern werden gemobbt, weil sie keine Enkelfotos teilen können. Ich muss mich gegen den Vorwurf wehren, eine egoistische Karrierefrau zu sein und darf mich stattdessen ohne Ablenkung von der Sinnfrage durch meine Wechseljahre quälen. Und an Weihnachten bin ich irgendwann ohne Baum, dafür mit Wiener Würstchen allein zu Hause.

Wie es um die Gesellschaft und unser Rentensystem steht, ist mir doch egal. Schließlich bekäme ich auch nicht die Unterstützung, die ich erwarte, und wir sind alle zusammen selbst daran schuld, dass unser Streben nach individuellem Glück, Karriere, Freiheit und Selbstverwirklichung nicht so wirklich vereinbar ist mit all den Opfern und Kompromissen, die ein Familienleben mit sich bringt.

Doch werde ich auch auf Dauer mit meiner Entscheidung glücklich bleiben?

Ich habe irgendwo aufgeschnappt, dass das Lebensglück von der Fähigkeit abhängt, Entscheidungen zu treffen, die das eigene Schicksal betreffen. Bezogen auf diese Eigenschaft bin ich offenbar unglücklicher, als ich mir eingestehen mag.

Vermutlich ist es also gar nicht so sehr das Ergebnis meiner unbeantworteten Kinder-Frage, das mir Sorgen bereitet. Vielleicht ist es mehr die nicht getroffene und immer wieder aufgeschobene Entscheidung, die mich belastet.

Denn die Stimme in meinem Kopf hört nicht auf zu schreien: »Und ...?!? Wie entscheidest du dich nun?«

Man kann auch ohne Kinder glücklich sein

Mütter zu fragen, ob sie auch ohne ihre Kinder hätten glücklich werden können, ist in etwa so, als wenn man einen Opel-Verkäufer fragen würde, ob er auch einen Mercedes empfehlen würde. Natürlich sagen beide nicht die Wahrheit.

Zumindest ist die Antwort subjektiv gefärbt und immer vor dem Hintergrund der Lebenswirklichkeit der Antwortenden zu bewerten.

Doch ich bin sicher, dass keine Mutter in meinem Umfeld die Geburt ihrer Kinder ernsthaft bereut und sie gegen ihr altes Leben eintauschen würde. Allerdings gibt es durchaus welche, die ihre Präexistenz vor der Geburt ihres ersten Kindes vermissen und dies auch offen zugeben. Doch nach reiflicher, emotionaler Abwägung gewinnt immer die Liebe zu den Kindern (oder die soziale Anpassung verbietet jeglichen Gedanken, der in Richtung Bereuen geht).

Frage ich kinderlose Frauen in ihren Vierzigern, die gewollt oder ungewollt kinderlos geblieben sind, versichern mir alle, dass sie nichts vermissen.

Natürlich sagen auch sie mir nur ihre Version der Wahrheit.

Nach all den Überlegungen und durchlaufenen Gefühlszuständen lässt sich für mich zusammenfassen: Natürlich kann ich ohne Kind glücklich sein.

Ich bin vermutlich mit oder ohne Kind glücklich oder unglücklich. Und ich kann jedes Paar verstehen, das das funktionierende Zusammenspiel aus Partnerschaft, Beruf, Freiheit und Freizeit nicht antasten möchte. Man kriegt sich schon irgendwie allein ins Grab, ohne dass Kinder und Enkel später die Fürsorge übernehmen.

In der Welt, in der wir leben, navigiert es sich eben leichter ohne Gepäck.

Niemandem sollte vorgeworfen werden, dass er sich selbst und seine Bedürfnisse höher priorisiert als die der Solidargemeinschaft der Zukunft. Zudem darf ich mich auch als vollwertige Frau fühlen, wenn meiner Gebärmutter nur zur jährlichen Vorsorgeuntersuchung Beachtung geschenkt wird und sie ansonsten funktionslos meinen Unterleib dekoriert.

Keine Frau, die sich bewusst gegen Kinder entscheidet, ist irgendeine Art von Rechtfertigung schuldig. Nicht ihrem Partner, nicht der Gesellschaft, nicht der Politik gegenüber. Keinem! Und erst recht nicht denjenigen gegenüber, die ein ureigenes Interesse an Nachwuchs in unserer Gesellschaft haben sollten, aber nicht die geeigneten Rahmenbedingungen schaffen. Alle Parteien haben mehr oder weniger ihren Beitrag zu der Entscheidung gegen Kinder geleistet.

Gewollte Kinderlosigkeit ist eine autonome Entscheidung, die Mut kostet und mindestens Akzeptanz, wenn nicht sogar Bewunderung verdient. Noch dazu, weil es eine der wenigen Entscheidungen im Leben ist, die wirklich irreversibel ist. Ab einem gewissen Zeitpunkt nicht mehr umzukehren.

Ich erfreue mich an jeder Begegnung mit Menschen, die sich trauen, so zu sein wie sie sind, egal wie anders sie sein mögen. In unserer weichgespülten Welt, in der gefühlt jeder Jugendliche gleich aussieht, jede Einkaufsstraße Europas die gleichen Ladengeschäfte zieren und wir in der ganzen westlichen Welt die gleichen Ikea-Möbel im Wohnzimmer haben – warum dann nicht so mutig sein und etwas anders machen als andere.

Und »anders« heißt in diesem Fall: auf Kinder verzichten. Einfach weil man es kann und will.

Immerhin sind wir dank vielfältiger Verhütungsmethoden in dieser Entscheidung heute selbstbestimmt.

Frauen, die sich also bewusst gegen Kinder entscheiden, sollten die mit ihrem Entschluss verbundene Freiheit genießen! Jegliches Gefühl von späterer Reue ist mühsam und überflüssig.

Trifft man aktiv eine Entscheidung – und sei es die Entscheidung, keinen Versuch zu unternehmen, eigene Kinder zu bekommen –, so sollte man sich auch zwanzig Jahre später an die Argumente erinnern können, die im Jetzt und Heute zu dem Entschluss geführt haben. Zumindest, wenn man die Entscheidung bewusst und unter Einbeziehung aller gegenwärtigen Rahmenbedingungen gefällt hat.

Man sollte später behaupten können: Wäre ich wieder in genau dieser Situation, mit den mir damals vorliegenden Informationen, mit den von mir gewählten Prioritäten, mit der damals vorherrschenden Gefühlslage oder partnerschaftlichen beziehungsweise wirtschaftlichen Situation, so würde ich zu dem gleichen Ergebnis kommen wie damals. Und sollten in der Retrospektive Dinge in einem anderen Licht erscheinen – vielleicht einfach nur, weil man im Laufe der Jahre an Erfahrung oder Mut gewonnen hat oder bestimmte Ereignisse den Fokus auf andere Lebensbereiche gelenkt haben –, so muss man schlichtweg anerkennen, dass dies zum Zeitpunkt der Entscheidungsfindung eben noch nicht der Fall war. Basta!

Ob ich glücklich bin oder nicht, hängt sicherlich nicht davon ab, ob ich Kinder bekomme oder nicht. Es liegt einzig und allein an mir selbst. Nur eines macht mich garantiert auf Dauer unglücklich: ständig über einer nicht getroffenen Entscheidung zu brüten. Ich muss aktiv entscheiden und nicht passiv. Ich darf nicht zulassen, dass ich die nächsten Jahre aussitze und grübelnd dem Vertrocknen meiner Eierstöcke zusehe.

Ich muss Verantwortung übernehmen für mein eigenes Leben.

Die Angst vor der Liebe

Wir kommen mit zwei Grundgefühlen auf die Welt, auf denen alle anderen Emotionen aufbauen: Angst und Liebe.

Angst ist ein guter Motivator. Ich würde behaupten, der beste! Es gibt kaum eine Emotion, die so viel Energie freisetzen kann wie Angst.

Was kann ich rennen, wenn ich eine Spinne sehe!

Sie kann aber auch lähmen.

Und so hat mich die Angst vor dem Muttersein viele Jahre meines Lebens über die Entscheidung brüten lassen wie eine Henne auf dem Ei. All meine Wut und Traurigkeit waren letztlich nur Symptome der Angst.

Doch was ist mit der Liebe?

Liebe zu uns selbst und zu anderen ist der Boden, auf dem unsere Seele wächst. Sie fordert nicht und setzt ungeahnte Kräfte in uns frei.

Liebe ist grenzenlos. Wir alle streben danach, Liebe zu erfahren.

Und damit meine ich nicht nur die Liebe von Partnern. Wir können viele Menschen lieben und von ihnen geliebt werden: Eltern, Geschwister, Freunde (manch einer wird auch sein Haustier dazuzählen).

Die Liebe meiner Eltern ist die Basis, auf der ich mein ganzes Leben aufgebaut habe. Darüber hinaus werde ich geliebt von meinem Lebensgefährten und empfange Liebe von meinen Freunden. Nur die Liebe eines eigenen Kindes, die kenne ich nicht.

Ich kenne die Perspektive einer Tochter, die ihre Mutter liebt, aber ich kenne nicht das Gefühl, als Mutter zu lieben und geliebt zu werden. Eine Liebe, die Frauen nachhaltig verändert. Eine Liebe, die bei manchen Müttern in der Aufgabe ihres Selbst endet. Wahrscheinlich ist sie der einzige gesunde und wahre Grund, warum wir Kinder bekommen. Und neben all den Punkten, die für mich gegen Kinder sprechen, ist Liebe das einzige Argument, das ich finden konnte, um es in der Pro-Kinder-Spalte zu platzieren.

Allerdings ist Liebe ein ziemlich schwacher Punkt auf meiner Liste, denn schließlich kenne ich diese Art nicht, kann nicht sicher sein, ob sie mich wirklich heimsucht (postnatale Depressionen!) und weiß auch nicht, ob sie tatsächlich all die Negativpunkte überschattet (#regretting motherhood!). Ich kaufe eine Katze im Sack.

Ich war in meinem Leben noch nie Fallschirm- oder Bungeespringen. Todesmutige Bekannte mögen von einem Kick schwärmen, der mir allerdings unbekannt bleiben wird, denn mir erschließt es sich einfach nicht, warum man dieses Risiko auf sich nehmen soll – und dafür noch Geld bezahlt.

Ob ich es auf dem Sterbebett vermissen werde, meine Höhenangst nie überwunden zu haben und mich wie James Bond ein paar hundert Meter in die Tiefe gestürzt zu haben? Sicher nicht.

Ich weiß ja nicht, was mir Positives entgangen ist. Und letztlich ist es mir auch vollkommen egal. Genauso egal ist es mir, wie geröstete Heuschrecken schmecken oder wie es ist, oben auf dem Mount Everest zu sitzen. Interessiert mich einfach nicht.

Ich habe weder besondere Angst davor noch kreisen meine Gedanken darum. Alle diese Dinge spielen in meinem Leben einfach keine Rolle.

Anders sähe es jedoch aus, wenn ich schon immer mit dem Gedanken gespielt hätte, mich dem Reiz eines

Bungeesprungs zu stellen oder eine Extrembergwanderung zu unternehmen – und es nur aus Angst nicht getan hätte. Das könnte der Moment sein, den ich auf den letzten Metern meines Lebens bereue.

Sollte ich also erkennen, dass es einzig und allein nackte Angst ist, die mich von der Entscheidung abhält, Kinder zu bekommen, so wäre eine Extrarunde In-mich-hineinhören empfehlenswert. Um den Mut zu finden, mich dieser Angst zu stellen.

Denn ich weiß, dass ich selten die Dinge bereue, die ich getan habe beziehungsweise zu denen ich mich überwinden konnte. Ganz im Gegensatz zu den Dingen, die ich aus Angst unterlassen habe – die bereue ich mit Sicherheit.

Es sind meistens die mutigen Entscheidungen des Lebens, die einen besonders stark werden lassen und auf die man besonders stolz ist. Doch manchmal, wenn die Angst alles zu sehr vernebelt, fehlt leider der klare Blick auf das Wesentliche.

In solchen Situationen nehme ich gerne den Rat meines achtzigjährigen Alter Egos in Anspruch: meinem Ich im Jahr 2060.

Ich setze mich gedanklich neben die Dame, die den Großteil ihres Lebens gelebt hat und sie erzählt mir davon. Was möchte ich von ihr hören? Von ihren Kindern und von ihren Enkeln? Oder von ihrer dreijährigen Weltreise, die sie mit fünfundvierzig angetreten hat? Von der jahrzehntelangen, manchmal leidvollen Ehe oder ihrer Entscheidung, sich scheiden zu lassen?

Was soll mein achtzigjähriges Alter Ego mir über mein Leben erzählen?

Eigentlich möchte ich von ihr nur eines: Sie soll mutig gewesen sein und sich nicht von Ängsten hat leiten lassen. Ich möchte hören, dass sie ihr Leben aktiv gestaltet und die Hauptrolle in ihrem eigenen Film gespielt hat – die Leading Lady war! –, und nicht nur die Nebenrolle übernahm. Ob sie nun unverheiratet auf Weltreise gegangen ist oder so mutig war, mit ihrem Mann und ihren Kindern in ein Reihenhaus im Vorort zu ziehen.

Und so kann ich, wenn ich ganz tief in mich hineinhöre, letztlich nur zu einer Erkenntnis kommen: Ich habe so viel Angst davor, Kinder zu bekommen, dass ich doch gerne von meiner alten Dame hören würde, sie hätte sich trotz aller inneren und äußeren Widerstände getraut, es zu versuchen. Ganz egal, wie der Versuch geendet wäre – ob es überhaupt geklappt hätte oder auch nicht –, ich würde es mutig finden, wenn sie sich dazu überwunden hätte, sich ihren Ängsten zu stellen.

Vielleicht erzählt sie mir auch von der leidvollen Erfahrung einer Fehlgeburt oder einer nicht erfolgreichen künstlichen Befruchtung und ihrem dennoch erfüllten und ereignisreichen Leben ohne Kinder.

Vielleicht hat sie aber auch von ihrer Tochter zu berichten, zu der sie ein inniges und liebevolles Verhältnis hat, und die selbst gerade überlegt, ob sie ihre Mutter zur Oma machen soll oder nicht.

Vielleicht hat sie entgegen aller Schwierigkeiten in Sachen Kinderbetreuung und Partnerschaft ihr Kind liebevoll und mit Freude großgezogen, ist ihrem Beruf weiter nachgegangen und hat es geschafft, sich selbst treu zu bleiben und nicht unter die Räder zu kommen.

Vielleicht hat sie – auch wenn sie es sich vor vierzig Jahren noch nicht hätte vorstellen können – alles ganz gut hinbekommen.

Wer weiß?

Und tatsächlich: Stelle ich mir eine Welt vor, in der ich nicht unter Druck stehe, Karriere zu machen und mich finanziell vor Altersarmut und Trennung zu schützen, in der ich als Frau und Mutter schön und attraktiv bin wie ich bin, mich nicht messen und vergleichen muss und mir gesellschaftliche Anerkennung vollkommen egal ist, mein Partner mir liebevoll ein Leben lang zur Seite steht und mir genügend Hände bei der Erziehung meiner Kinder unter die Arme greifen:

Ja, ich würde Kinder wollen.

Ich schaffe das!

Jahrelang habe ich versucht, mir auszumalen, wie ein Kind in meine bekannte Lebensrealität passen könnte und bin dabei auf Grenzen und unüberwindbare Hürden gestoßen. Egal, welchen Bereich ich durchleuchtet habe – Partnerschaft, Beruf, mein soziales Leben – keiner hat sich als besonders kinderfreundlich erwiesen, keiner würde ein Kind verkraften, ohne dass es irgendwo quietscht.

Ich habe versucht, ein Kind gedanklich in mein Leben zu integrieren mit dem Anspruch, dass es möglichst wenig stört.

Doch das ist Blödsinn.

Dann brauche ich wirklich keine Kinder zu bekommen! Sie tun mir jetzt schon leid.

Es wäre sicherlich die viel klügere Strategie, und vor allem die bessere innere Haltung, den Fokus auf die Umwelt zu richten, die sich für mich und mein Kind verändern muss. Nicht das Kind muss passen – die Rahmenbedingungen müssen sich kindgerecht verändern. Es wäre viel klüger, sich engagiert für Veränderungen einzusetzen, die ein glückliches Familienleben ermöglichen.

Es gibt mit Sicherheit Dinge, die ich an meiner eigenen Haltung zum Thema Kinderkriegen ändern kann und sollte. Und es gibt solche, für die es sich lohnt zu kämpfen.

Ich fordere also alle Parteien auf, mit mir gemeinsam an Lösungen zu arbeiten: die Mütter-Gemeinde, unsere Männer, unsere Arbeitgeber und die Politik!

Ich sollte mich nicht fragen müssen, ob es meiner Karriere oder dem Rentensystem schadet, wenn ich ein paar Jahre mehr Zeit mit meinen Kindern verbringe, anstatt am Schreibtisch zu sitzen und Lohnsteuer zu bezahlen. Der Einzige, der bei ausgelagerter Kinderbetreuung wirklich einen Vorteil hat, ist der Staat, der gleich doppelt verdient: Lohnsteuer von der Mutter, die ihr Kind in eine reuungseinrichtung gibt – und Lohnsteuer von der Person, die sich ersatzweise um das Kind kümmert.

Es sollte auch meiner Karriere aus Sicht der Arbeitgeber nicht schaden, wenn zwei oder auch drei Jahre Babypause im Lebenslauf stehen. Auch wenn ich in der Zeit kein Sabbatical genommen habe, um Australien zu bereisen oder um mit afrikanischen Jugendlichen Trinkwasserbrunnen zu bauen. Warum sollte es nicht möglich sein, nach einer – meinetwegen auch mehrjährigen – Pause wieder einzusteigen?

Ich kenne nur wenige Berufe, die sich in wenigen Monaten so grundlegend verändern, dass ihre Ausübung nach einer Pause nicht mehr möglich wäre.

Mein Job ändert sich sowieso kontinuierlich und erfordert von mir eine extrem hohe Anpassungskompetenz, auch wenn ich Tag für Tag am selben Schreibtisch sitze. Warum sollte mir diese Fähigkeit nach der Geburt eines Kindes verloren gegangen sein? Das ist absolut albern.

Arbeitgeber sollten Eltern-Kind-Büros, flexible Arbeitszeiten und Heimarbeit als Standard einrichten und die Bedürfnisse von Müttern und Vätern umfassend berücksichtigen. Nicht aus einer PR-wirksamen und gönnerhaften Haltung heraus, sondern weil sie bei der Erziehung unserer Kinder mitverantwortlich sind. Investment in zukünftige Azubis. Außerdem ist zumindest eine Prüfung von kürzeren Arbeitszeiten ein durchaus legitimes Ansinnen. Die Arbeitswelt hat sich durch die Digitalisierung radikal verändert und an Geschwindigkeit und Effizienz massiv zugelegt. Doch die Arbeitnehmer profitieren nicht davon. Sie müssen Schritt halten. Und vierzig Stunden Wochenarbeitszeit sind schlichtweg nicht mehr zeitgemäß.

Soziale Einrichtungen wie Krankenhäuser und Kindergärten, die von staatlichen Trägern unterhalten werden, sollten dringend für bessere Lohnverhältnisse in sozialen Berufen sorgen. Private Einrichtungen werden unwillkürlich nachziehen müssen, um für Fachkräfte attraktiv zu sein. Auch sollte die Bezahlung so sein, dass die Menschen sich ein Leben in der Nähe ihres Arbeitsplatzes leisten können. Wenn irgendwann nur noch Ingenieure und Investmentbanker die finanziellen Mittel haben, um in städtischen Gebieten zu wohnen, brauchen wir uns über Engpässe an Dienstleistungen nicht zu wundern.

Wenn ich mich dazu entscheide, mit meiner Familie in der Stadt leben zu wollen – und nicht hundert Kilometer weit weg in der Pampa –, dann sollte es ebenso im Interesse der Kommunalpolitik liegen, mich dort zu halten. Also schafft uns bezahlbaren Wohnraum, Betreuungseinrichtungen und eine Umgebung, in der Familien es sich leisten können und gerne leben!

Mein Partner und ich können unsere finanzielle Zukunft gegenseitig absichern, damit derjenige in unserer Familie, der beruflich zugunsten der Kindererziehung kürzer tritt, im Alter oder im Falle einer Trennung nicht benachteiligt wird. Sei es durch Verträge, Versicherungen und so weiter – unabhängig davon, ob man verheiratet ist oder nicht. Wir müssen das Thema offen diskutieren und gemeinsam Verantwortung dafür tragen.

Meine Eltern werde ich bitten, ihren Freunden beizubringen, dass Enkel keine Angeber-Objekte sind. Übrigens auch meinen Freunden, damit sie aufhören, mir den Flohwalzer ihrer Tochter als Chopins Etüden zu verkaufen.

Ich möchte mich nicht schlecht fühlen, wenn ich ein paar Jahre meine Bedürfnisse hintanstelle und nicht die Muße habe, nach meinem höheren Selbst zu streben. Dann sitze ich eben nicht mit 59,9 Kilo meditierend auf der Yoga-Matte und ernähre mich nur von grünen Smoothies. Deswegen bin ich keine disziplinlose Versagerin. Wir haben vor lauter Yoga, Frauenzeitschriften, Instagram & Co ganz vergessen, dass man im Leben auch mal nicht perfekt sein darf und Dinge machen muss, die unangenehm sind. Kotze wegwischen zum Beispiel. Aus Zeitmangel die Beine nicht rasieren. Glutenhaltige Weizen-Schinkennudeln essen, weil es das Einzige ist, was der Nachwuchs essen möchte. Das ist vollkommen in Ordnung.

Ich möchte mich nicht darum scheren, was andere Mütter sagen.

Niemandem – auch nicht den eigenen Eltern – ist es erlaubt, ungefragt Ratschläge zu erteilen und zu urteilen. Mein Schokostückchen-Kuchen ist perfekt – mit und ohne Gummibärchen.

Und wenn das Bad mal nicht geputzt ist, kommen nicht gleich die Ratten aus dem Kanal. Wenn andere Mütter sich gerne mit ihrem Thermomix austoben und ihre Freizeit damit verbringen wollen, ihren perfekten Haushalt zu führen – bitte! Ich nicht.

Und ich möchte es meinem Gespür für mein Kind überlassen, ob ich zum Babyschwimmen gehen möchte oder ihm statt einer Violine lieber erst eine Blockflöte in die Hand drücke. Mein Kind muss auch kein Chinesisch sprechen, bevor es in die Schule kommt. Ganz egal, was Karriereberater sagen – mein Kind darf in der ersten Klasse das Alphabet lernen und nicht die Gaußsche Normalverteilung. Wenn es einen sozialen oder handwerklichen Beruf ausüben möchte und keinen akademischen Grad erlangt, ist mir das vollkommen recht, solange es Spaß und Freude an dem hat, was es tut.

Und da ich selbst wenig Lust verspüre, Toilettenbrillen warm zu föhnen, muss ich wohl aushalten lernen, dass mein Kind auch mal leidet. Gelitten haben wir doch alle schon. Ich werde da sein und ihm helfen, damit umzugehen. Auch wenn es im Sportunterricht als letztes in die Mannschaft gewählt wird, sich in der Pause unliebsamen Mitschülern stellen oder bei Minusgraden zur Schule laufen muss.

Und da davon auszugehen ist, dass ich als Jungmutter unweigerlich auf jede Menge anderer Leidensgenossinnen stoßen werde, spricht nichts dagegen, diese Gemeinschaft zu nutzen. Ein Mütter-Netzwerk, das sich gegenseitig tatkräftig unter die Arme greift. Die Kinder von der Kita abholt, wenn es mal wieder knapp wird oder babysittet, wenn die Eltern eine Verschnaufpause als Paar brauchen. Und das, ohne sich für die Großtat mit Blumen oder Pralinen bedanken zu müssen. Ein gemeinschaftliches Netzwerk, das heute nicht mehr aus der Großfamilie besteht, aber aus anderen Mutter-Vater-Kind-Haushalten, die lernen können, sich gegenseitig zu unterstützen.

Und die lieben Väter, die brauchen wir ganz besonders. Sie haben schließlich am meisten von der Emanzipation der Frauen profitiert. Kaum ein Vater trägt heute die alleinige Last und Sorgen des Versorgers. Also sollten sie im Gegenzug auch Verantwortung für den Teil der Familienarbeit übernehmen, der bisher den Müttern zugerechnet wurde. Sechs Monate Elternzeit. Und zwar zu Hause. Nicht zwei Urlaubsmonate in Italien. Krankheitstage, wenn der Sprössling mit vierzig Grad Fieber im Bett liegt. Homeoffice, wenn das Kind um elf Uhr zehn aus der Schule kommt. Mitdenken, wenn das Kind die nächste Impfung benötigt.

Die gute Nachricht ist: Wir sind auf dem Weg in eine bessere Mutter-Welt.

Die schlechte: Der Weg ist noch lang. Zumindest so lang, dass positive Ergebnisse wohl erst zu sehen sind, wenn meine Fruchtbarkeit das Mindesthaltbarkeitsdatum längst überschritten hat. So lange kann ich leider nicht warten. (Oder ich denke noch mal über das Eizelleneinfrieren nach!)

Insofern heißt es für mich: aktiv mitgestalten. Für eine bessere Welt für Mütter.

Ob ich nun selbst ein Kind habe oder nicht.

NEULICH IM RESTAURANT, TEIL 2

Mein Freund und ich sitzen wieder im Restaurant. Wieder bei Bifteki und zu viel Weißwein bei unserem Griechen.

»Auf uns, mein Schatz.« Mein Freund prostet mir zu.

»Auf uns.« Ich stoße mit ihm an.

»Schatzi, ich muss mit dir reden.«

Oh nein, nicht schon wieder.

»Unser Gespräch neulich, über Kinder, das – ähm – war nicht so gemeint.«

Bitte was?

Er redet weiter: »Als ich dich zum ersten Mal traf, als wir beide den ersten Abend miteinander verbrachten, da wusste ich sofort: Du bist die Mutter meiner Kinder. Ich wusste es. Frag mich nicht wieso, aber ich sah dich und fühlte es.«

Verflucht, warum esse ich immer diese Rosmarinkartoffeln?!

»Und das neulich war blöd und unüberlegt und entspricht überhaupt nicht der Wahrheit. Du und ich – wir schaffen alles. Auch Kinder. Und ich weiß, wir machen alles so, wie es uns entspricht und zu uns passt. Wir finden immer für alles eine Lösung.«

»Du und ich ...«, wiederhole ich und muss schon wieder eine Träne wegdrücken. Ich lächle ihn an. Ich weiß, was er meint.

Einige Tage später – um genau zu sein: achtzehn Tage nach unserem Abendessen und vier Tage überfällig – sitze ich mit einem Schwangerschaftstest bewaffnet im Bad. Es ist der gefühlt hundertste Test in meinem Leben. Ordnungsgemäß gepinkelt, eine Minute gewartet, in weiteren zwei Minuten darf ich das Ergebnis ablesen. Ich habe Routine.

Doch diesmal ist es anders. Es ist das erste Mal in meinem Leben, an dem ich unsicher bin, welches Ergebnis ich mir wünsche.

Bisher war das ziemlich eindeutig: Einen Strich, bitte. Einen einfachen, schlanken, deutlichen rosa Strich. Kein Kreuz. Einfach einen Strich. Nicht schwanger. Puh!

Und jetzt?

Zum ersten Mal denke ich, dass mir ein Kreuz keinen plötzlichen Herztod bescheren würde; zum ersten Mal denke ich, ich könnte mit der Nachricht meinen Freund nicht schockieren, sondern ihn zum Lächeln bringen.

Nach zwei Minuten voller ungewohnter Gedanken blicke ich auf den Test. Ich erstarre. Es ist ein Strich. Ein Strich, wie ich ihn hundertmal vorher schon gesehen habe.

Negativ. Ich bin nicht schwanger. Alles ist wie immer.

Und doch merke ich, dass sich etwas anders anfühlt. Ich bin neugierig geworden, gespannt und freudig aufgeregt.

Einfach mal versuchen, denke ich. Ganz entspannt. Vielleicht wird es ja was mit einem Baby. Und wenn nicht, dann ist es auch okay.

Und jetzt?

Ich bin auf einer Geschäftsreise und komme nach dreieinhalbstündiger Zugfahrt endlich am Zielbahnhof an. Beim Ausstieg wird es hektisch, Berufstätige mit Aktentaschen, Familien mit Kindern und Urlaubsreisende laufen wild durcheinander. Der Bahnsteig ist brechend voll und ich quetsche mich durch die Menge.

Plötzlich spüre ich eine Berührung an meiner rechten Hand. Eine kleine Hand greift die meine. Ich erschrecke.

Neben mir läuft ein kleiner Junge, etwa im Kindergartenalter. Sein Blick ist nach vorne gerichtet, er hat offensichtlich nicht bemerkt, dass er meine Hand mit der seiner Mutter verwechselt hat.

Weiter Schritt haltend, betrachte ich den kleinen Menschen neben mir, wie er sich mit der freien Hand die Augen reibt. Er ist müde. Wie niedlich.

Eine Sekunde lang genieße ich einfach nur den ungewohnten Moment.

Bevor ich den Irrtum aufklären kann, höre ich schnelle Schritte und die Stimme einer Frau. »Jonas! Jonas!«

Der Kleine bleibt stehen, lässt meine Hand los und dreht sich zu seiner Mutter um. Ich schaue sie und ihren Sohn verlegen an.

Jonas blickt zu mir hoch. Er hätte erschrocken sein können, hätte zu seiner Mutter rennen oder weinen können.

Stattdessen schaut er mich neugierig und ohne Angst an. Er lächelt. Lächelt den Irrtum mit dem schelmischen Grinsen eines Vierjährigen einfach weg.

»Entschuldigen Sie!«, ruft mir seine Mutter zu. »Er ist wirklich zu vertrauensselig!«

»Kein Problem«, sage ich, »war schön!«, und eile den Bahnsteig entlang zur S-Bahn.

Und während ich alleine in der Bahn sitze und an die Begegnung von eben denken muss, muss ich lächeln. »Danke, kleiner Jonas. You made my day«, sage ich leise und schaue aus dem Fenster.

Edel Books
Ein Verlag der Edel Germany GmbH

Copyright © 2020 Edel Germany GmbH,
Neumühlen 17, 22763 Hamburg
www.edelbooks.com

Projektkoordination: Svetlana Romantschuk
Lektorat: Sophie Ewald
Layout und Satz: Datagrafix GSP GmbH, Berlin
Autorenfoto: Edel Books / Raimar von Wienskowski
Umschlaggestaltung: Elena Schneider, Koblenz
Druck und Bindung: GGP Media GmbH, Pößneck

Printed in Germany

ISBN 978-3-8419-0692-2